REINHARD PRAHL

BJÖRN SÜLTER

Die Akte X Chronik

Sammeledition: Band 1

Staffel 1 (1993/1994)

in Farbe und Bunt

Verlag Björn Sülter

Originalausgabe | © 2024
in Farbe und Bunt Verlag
Am Bokholt 9 | 24251 Osdorf

www.ifub-verlag.de
www.ifubshop.com

Herausgeber: Björn Sülter
Lektorat & Korrektorat: Telma Vahey
Satz, Cover- & Innenseitengestaltung: EM Cedes
Coverillustration: EM Cedes
Innenseitenillustrationen: Stefanie Kurt

Print-Ausgabe gedruckt von:
Bookpress (Polen)

ISBN (Print): 978-3-95936-466-9
ISBN (Ebook): 978-3-95936-467-6
ISBN (Hörbuch): 978-3-95936-534-5

FBI

"Mit Glauben allein kann man sehr wenig tun, aber ohne ihn gar nichts."

Samuel Butler

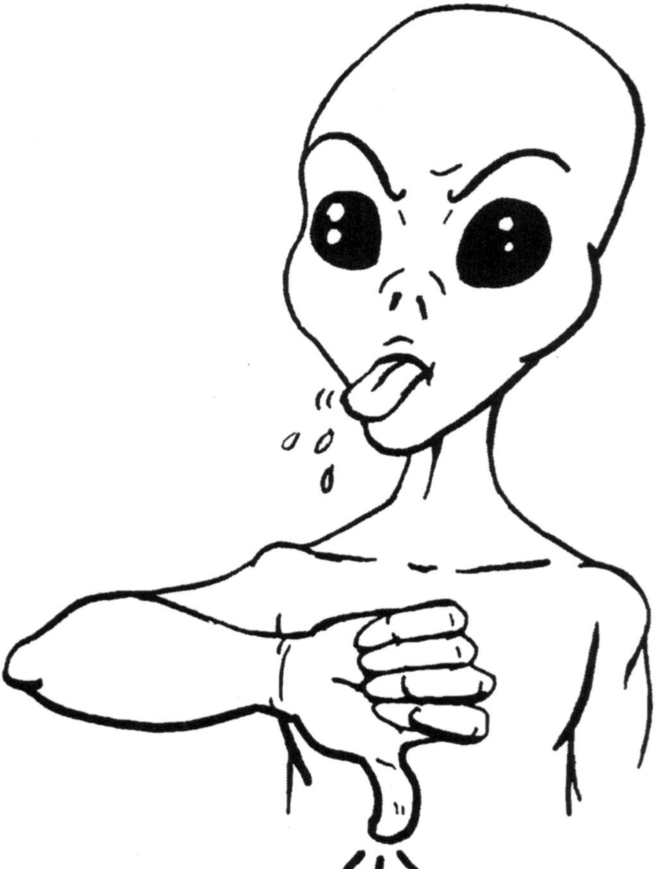

INHALT

VORWORT

von Björn Sülter

Meine Achtzigerjahre waren geprägt von der aufkeimenden Liebe zur Science-Fiction. Natürlich spielten dabei *Star Trek* und *Star Wars* eine große Rolle. Was dann im Folgejahrzehnt geschah, würde ich als Phase einer neuen Ernsthaftigkeit bezeichnen. Ich interessierte mich mitten in meiner Teenagerzeit für Zusammenhänge und Grauschattierungen und war generell der Meinung, dass man alles hinterfragen sollte (meine armen Eltern werden es bestätigen können …).

Nun ist *Akte X* allerdings nicht zwingend eine wissenschaftliche oder hoch seriöse Serie gewesen, sie stand aber im Gegensatz zu den Raumschiffabenteuern von Kirk, Picard und Luke Skywalker immerhin halbwegs mit einem Bein fest auf dem Boden unserer damaligen Realität. Mit ihr konnte ich wie Mulder meinen tausend Fragen nachgehen. Ich fragte mich beispielsweise: Wenn *Star Trek* eine veritable utopische Zukunftsvision darstellen sollte, was würde dann von unserem Status Quo aus dazu führen, dass wir überhaupt außerirdisches Leben als existent bezeichnen dürften?

Akte X war jedoch noch viel mehr als das. Für mich bedeutete eine neue Folge immer eine Art Hochglanz-Kinofilm der Woche. Wir hatten es hier Anfang der Neunziger mit einem TV-Produkt zu tun, das perfekt war – perfekter als fast alles andere in der Serienlandschaft, von der Kinoästhetik über die wunderbaren Figuren und Darsteller bis hin zum hohen Wiedererkennungswert beim Score des Mark Snow. *Akte X* war unvergleichlich, frisch, anders – ein wahrer Gamechanger, wie es ihn nur selten gibt.

Für mich bedeutete die Serie daher auch eine neue, große Liebe. Wo zuvor nur Raumschiffbesatzungen um meine Gunst kämpften, waren da nun plötzlich die beiden Ermittler vom FBI, die den sonderbarsten Phänomenen nachjagten. Mein Enthusiasmus hielt lange an – genau gesagt bis zum

Abgang von David Duchovny. Die folgenden Staffeln schaute ich mir erst viel später an, als Mulder und Scully für neue Abenteuer zurückkehrten und die Lücke geschlossen werden wollte. Dadurch kehrten auch meine Liebe und Leidenschaft zurück, und es wuchs der Wunsch, mich so intensiv wie nur möglich mit der Serie zu befassen und nebenbei auch endlich die große Mythologie auf die Probe zu stellen, zu sezieren und vielleicht sogar … zu verstehen!

Dafür den richtigen Partner in Crime zu finden, also die Scully zum Mulder oder umgekehrt, stellte die schwierigste Aufgabe dar. Dennoch gelang es mir. Ich fand meinen Gegenpart in einem ebenso leidenschaftlichen Autor, der – was mir lange gar nicht bewusst war – die Serie ebenso liebt und schätzt wie ich. Mit Reinhard Prahl an meiner Seite wage ich mich daher nun gern erneut in die unzähligen Abenteuer und begebe mich voller Begeisterung auf Spurensuche. Denn am Ende ist die Wahrheit zwar da draußen und alle wollen sie finden, viel wichtiger ist jedoch, an wessen Seite man nach ihr sucht.

Öffnen wir die X-Akten also ein weiteres Mal. Ich wünsche unseren Leserinnen und Lesern von Herzen viel Freude an dieser Buchreihe, die für uns Autoren eine absolute Herzensangelegenheit darstellt. Es wäre schön, wenn man das beim Lesen spürt.

VORWORT

von Reinhard Prahl

Akte X, oder wie die Serie im Original heißt: *The X-Files*! Welchen gestandenen Science-Fiction- und Mystery-Fan lässt dieser Titel kalt? Der Moment, als Dana Scully das Büro von Fox Mulder betritt und das berühmte I-want-to-believe-Poster an der Wand prangen sieht. Der erste Auftritt des Rauchers, die UFO-Sichtungen, die sich bis zur Finalepisode der ersten Staffel *The Erlenmeyer Flask* (*Das Labor*) gerne auch in mehrere Richtungen deuten lassen, seltsame Kreaturen wie der Leber fressende Gummimensch in der Episode *Squeeze* (*Das Nest*). All das und mehr machte die erste Staffel dieser grandiosen Serie zu einem Highlight der Serienlandschaft in den 90er-Jahren. Wer es bis dahin vielleicht nur geahnt hatte, war von nun an von einer Aura des Wissens umgeben. Die Wahrheit ist da draußen – verborgen irgendwo in den Weiten der großen geheimnisvollen Fernsehwelt und wartet darauf, von uns, den Zuschauenden, entdeckt, ergründet und erlebt zu werden.

Es war jenes prickelnde Gefühl und das Wissen darum, dass der Serienerfinder Chris Carter sich die Geschichte der beiden ikonischen FBI-Agenten nicht vollends aus den Fingern gesogen hatte, das bei der Stange hielt. Natürlich waren und sind Mulder und Scully lediglich die Produkte eines fantasiebegabten Geistes, der das Unheimliche liebte und diese Leidenschaft mit der beneidenswerten Fähigkeit des geborenen Geschichtenerzählers verband. Doch in den X-Akten steckte noch viel mehr. Legenden, Sagen, Mythen, politische und historische Fakten vermischten sich zu einem eng gewobenen Konglomerat, das so zwar niemals geschehen war – und es auch nie könnte – aber dennoch eine tiefe Sehnsucht in uns erweckte. Was, wenn der Roswell-Zwischenfall wirklich wie hier geschildert stattgefunden hätte? Wenn Barney und Betty Hill tatsächlich von Aliens entführt worden wären? Wie unbegreiflich wäre es, wenn gerade jetzt in diesem Augenblick, in dem Sie diese Zeilen lesen, ein getarntes Raumschiff über Ihrem Kopf schwebte – nur darauf wartend, Sie zu entführen, sobald Sie selig entschlummert sind?

Solche und ähnliche Gedanken lösten die erste Staffel von *Akte X* damals in weiten Teilen der Zuschauerschaft aus, und nicht nur damals, sondern auch heute noch. Nur so lässt sich die ungebrochene Faszination für eine Serie erklären, die vor über 30 Jahren ihren Anfang nahm und in bislang immerhin 218 Episoden und zwei Kinofilmen erzählt wurde. Zudem existieren zwei Spin-off-Serien, rund 70 Comics, 40 Romane, Hörbücher und sogar ein Audible-exklusives Hörspiel namens *Akte X: Cold Cases – Die komplette 1. Staffel*, das längst nicht mehr zu haben ist. All das bildet heute das riesige *Akte X*-Universum.

Es ist mir ein großes Vergnügen, nein, ein Anliegen und eine Ehre, Sie, liebe Leser, noch einmal mit auf die Reise nehmen zu dürfen. Und wer weiß? Vielleicht erfahren Sie ja beim Rewatch und Lesen dieses Bandes zur ersten Season das eine oder andere, das Sie bisher noch nicht über die *Akte X* wussten. Möglicherweise verschwimmen bei der Lektüre dieses Kompendiums ja Fakt und Fiktion, und Sie begeben sich auf eine Suche, die Scully und Mulder schon vor vielen Jahren begannen und für uns – die Fans – bis heute fortsetzen. Die Wahrheit ist, wie gesagt, irgendwo dort draußen … Wir müssen sie nur finden.

CHRIS CARTER

Der Mann hinter den X-Akten

„Es gibt nur wenig in Chris Carters Erziehung, was auf die Legionen von Aliens, Dämonen und Geister hindeutet, nicht zu vergessen die gelegentlich aufflammenden paranoiden Verschwörungstheorien – die selbst Oliver Stone erröten ließen – die anscheinend in seinem Kopf herumspuken."

Jenes von uns für diese Ausgabe übersetzte Zitat stammt aus dem *Official Guide to the X-Files* aus dem Jahr 1995 und bringt hervorragend auf den Punkt, worum es in *Akte X* geht. Carter verstand es wie kein anderer TV-Autor und Produzent in den 90er Jahren, gewisse Urängste in uns zu erwecken, die unser Unterbewusstsein von jeher mit dem Unbekannten assoziiert. Man muss schon ein Fan des Paranormalen und der diversen UFO-Legenden sein, die seit Jahrzehnten durch den irdischen Äther schweben, um sich solche Geschichten auszudenken, wie sie ab dem 10. September 1993 in den USA und dem 5. September 1994 auf hiesigen Bildschirmen zu sehen waren.

SURFERBOY

Warum Chris Carter begann, die Abenteuer von Fox Mulder und Dana Scully in Serienform zu erzählen, ist in Bezug auf obiges Zitat also klar. Doch wie kam es dazu? Welchen Weg musste Carter gehen, um an das Ziel seines Lebens zu gelangen und eine Serie zu erschaffen, die längst Einzug ins popkulturelle Gedächtnis der Menschheit gehalten hat? Die X-Akten, so scheint es, sind noch lange nicht geschlossen, und der Aufdeckung verschwörerischer Geheimnisse ist längst noch nicht Genüge getan. In den frühen 90er-Jahren, als Chris Carters Fantasie ihn immer mehr dazu zwang, ihr freien Lauf zu lassen, war es erst recht nicht so. Zahlreiche Rätsel drängten ans Licht und wollten an die Öffentlichkeit gelangen, um als spannende Fernsehepisoden endlich ihr hoch verdientes Publikum zu finden.

Doch von der Idee bis zur letztendlichen Sendung der Debütfolge war es ein weiter Weg, der am 13. Oktober 1956 mit der Geburt des umtriebigen Drehbuchautors und Regisseurs in Bellflower, Kalifornien, seinen Anfang nahm. Carters Vater war Arbeiter in der Konstruktionsindustrie, was der Familie ein sicheres Einkommen bescherte. Der spätere *Akte X*-Erfinder bezeichnet seine Jugend im Buch *X-Files Confidential* von Ted Edwards daher als »recht normal«, sodass er sich für Baseball und ab dem 12. Lebensjahr für Surfing begeistern konnte. Nach seiner Schulzeit ging er an die State University, Long Beach, und graduierte 1979 mit dem Abschluss in Journalismus. Anschließend verbrachte er die ersten 13 Jahre seines Schaffens beim 1964 gegründeten und 2017 eingestellten *Surfing Magazine*, wo er es bereits im Alter von 28 Jahren zum Chefredakteur brachte.

DIE ERSTEN JAHRE BEIM FERNSEHEN

Doch wie viele andere Autoren wollte auch er seine Zeit viel lieber beim Fernsehen mit dem Schreiben von Drehbüchern verbringen. So landete er schließlich bei Disney, für die er einige Jahre tätig war. In einem Interview aus dem Jahr 2013 mit dem Branchenmagazin *Empire* sagt Carter über seine Anfänge: »Ich war einfach nur glücklich, im Geschäft zu sein. Ich hatte ein Skript geschrieben, das zweite, das ich überhaupt je verfasst hatte. Jeff Katzenberg las es, der gerade erst mit Michael Eisner neu hinzugekommen war (gemeint ist Disney, Anm. d. Autors). Sie drehten das Studio wirklich auf links und transformierten es. Und so war ich von einem Tag auf den anderen als ein Surfer, der für ein Surfer-Magazin schrieb, ins Filmbusiness gerutscht und bekam ein eigenes Büro und eine Sekretärin.«

Wie Carter weiter berichtet, erlebte er die Jahre beim Mäusekonzern als wunderbare Erfahrung und lehrreiche Zeit für seinen weiteren Werdegang: »Ich wurde beauftragt, Disney-Sonntagsfilme zu machen, und schrieb eine TV-Pilotepisode. Meine Arbeit dort lehrte mich zu erkennen, dass ich nicht nur ein guter Autor, sondern auch ein guter Produzent sein musste, wenn ich meine Arbeit so auf dem Bildschirm sehen wollte, wie ich sie mir vorstellte.« Im Lauf seiner Jahre unter Katzenberg und Eisner arbeitete Carter an einer Reihe von TV-Filmen, unter anderem den hierzulande eher unbekannten *B.R.A.T. Patrol (B.R.A.T. Patrol – Im Geheimauftrag der Air Force)* und *Meet the Munceys (Liebe im ¾-Takt)*. Mit all diesen guten Erfahrungen im Gepäck, zu denen weiterhin einige unbekannte Mitarbeiten für die langlebige Filmreihe *Disney Land* zählten, entschloss sich der Produzent und Autor schließlich, seinen Erfahrungshorizont zu erweitern.

ZUSAMMENTREFFEN MIT EINER FERNSEHLEGENDE

Doch um dies zu erreichen, musste er zunächst Brandon Tartikoff, den damaligen Präsidenten von NBC, kennenlernen. Tartikoff war eine wahrhaft große Nummer im Geschäft und hatte Erfolgsformate wie *Hill Street Blues (Polizeireview Hill Street)*, *ALF*, *Cheers*, *Seinfeld*, *The Golden Girls*, *Knight Rider*, *The A-Team* und *The Fresh Prince of Bel-Air (Der Prinz von Bel-Air)* auf den Weg gebracht. Weniger bekannt ist vielleicht, dass er später auch in die Entstehung von *Star Trek: Deep Space Nine* involviert war, doch dies sei nur am Rand erwähnt. Wie dem auch sei, die beiden Männer lernten sich kennen und mögen, und als Tartikoff einige von Carters Arbeiten gelesen hatte, gab er ihm schließlich die Möglichkeit, einige TV-Pilots zu entwickeln. Angefangen mit einer Geschichte über eine weibliche Detektivin namens *Cameo by Night* über die kurzlebige Musical-Serie *Rags to Riches* bis zur Science-Fiction mit *Copter Cop* war genretechnisch fast alles vertreten, was damals wie heute im Fernsehen Erfolg versprach.

Die letztgenannte Serie war es, die Carter und Tartikoff auseinander brachte, denn der Chairman von NBC erlitt während der Dreharbeiten zu *Copter Cop* einen schweren Autounfall, der ihn monatelang ans Krankenbett fesselte. Nach seiner Genesung verließ er NBC und wechselte zu Paramount. Der Versuch, Chris Carter zu seinem neuen Arbeitgeber zu holen, scheiterte aus unbekannten Gründen, sodass der spätere *Akte X*-Erfinder schließlich auf Peter Roth traf, seines Zeichens Präsident der bekannten J. Cannel Productions. Er zeigte Roth ein Skript für eine Good-Feel-Serie, die in groben Zügen sein eigenes Leben nachzeichnete, das letztlich aber nicht adaptiert wurde. Nichtsdestotrotz mochte der Produzent Carters Gefühl für Dialogführung. So kam eines zum anderen, und er vermittelte seinem Schützling einen Job als Autor und Produzent bei der ebenfalls frühzeitig abgesetzten CBS-Show *Palace Guard.*

Bald darauf wechselte Roth von den J. Cannel Productions zu 20th Century Fox, nicht aber, ohne Chris Carter im Hinterkopf zu behalten. 1992 war es schließlich soweit. Der neue Chairman für TV-Angelegenheiten der altehrwürdigen Fox-Studios begab sich auf Talentsuche und zog einige bis dato unbekannte Autoren an Land, darunter auch den Mann, der die X-Akten unwiderruflich auf die TV-Landkarte bringen sollte. Ziel war es, einige Formate für Twentieth Century Fox Television, einem Seitenarm von Fox Broadcasting, zu entwickeln, hinter dem wiederum der weltbekannte Medienmogul Rupert Murdoch stand. Und nun schlug die große Stunde des Chris Carter. Neben der familienfreundlichen Disney-Kost und Comedies spielte der Autor und Produzent nämlich schon längere Zeit mit einer wesentlich düstereren Idee herum, die er an die Serienfavoriten seiner Jugend angelehnt hatte. Obwohl nie ein großer Science-Fiction-Fan, faszinierte den passionierten Sportler dennoch von jeher das Geheimnisvolle und Unbekannte. Shows wie *The Twilight Zone, Alfred Hitchcock Presents* und der Fernsehfilm *The Night Stalker* bzw. dessen Sequel *Kolchak: The Night Stalker* sowie die daraus entstandene einstündige Serie *The Night Stalker* (1975 – 1975) hatte er als junger Mann geradezu verschlungen. Wer zumindest die erstgenannte Show einigermaßen kennt, weiß, dass viele Ideen aus dem heute inzwischen 295 Folgen und zwei Kinofilme umfassenden Franchise in die X-Akten-Fälle einflossen. Als zweite Inspirationsquelle diente Carter nach eigener Aussage ein Psychologe, der ihm einmal erzählte, dass es wissenschaftliche Untersuchungen über das Alien-Entführungsphänomen gäbe. In der 25-Jahres-Jubiliäumsausgabe des Entertainment Weekly ist zu lesen: »Es regte meine Fantasie an, dass es tatsächlich echte Forschungen in Bezug auf das Übernatürliche gab.«

OPEN FILES

Last but not least flossen zudem Details aus dem Kultfilm *The Silence of the Lambs (Das Schweigen der Lämmer)* in den Entwurf zu *The X-Files* mit ein. Am Ende des Entwicklungsprozesses, auf den wir in diesem Buch noch näher eingehen, stand am 10. September 1993 die Ausstrahlung der Pilotepisode, im Original schlicht als *The X-Files: Pilot* (in Deutschland: *Gezeichnet)* betitelt. Der Rest ist Geschichte. Bis zum 19. Mai 2002 liefen neun Staffeln mit insgesamt 201 bzw. 202 (je nach Lesart) Episoden über den Äther. Hinzu gesellten sich 1998 der Kinofilm: *The X-Files (Akte X – Der Film)* sowie die Spin-offs *Millenium* (1996 – 1999) mit 67 und 2001 der kurzlebige Ableger *The Lone Gunmen* (2001) mit 13 weiteren Geschichten hinzu. 2008 folgte mit *The X-Files: I Want to Believe (Akte X – Jenseits der Wahrheit)* ein weiterer Kinostreifen, bis eine siebenjährige Ruhephase eintrat. 2015 öffnete Carter die X-Akten erneut mit der Dokumentation *The X-Files: Re-Opened,* die auf eine Weiterführung des Franchises ab 2016 verwies. Am 24. Januar 2016 erlebte das aufgeregte Publikum in *My Struggle (Der Kampf, Teil 1)* mit, wie sich die längst zu Ikonen avancierten Mulder und Scully endlich wiedertrafen und in fünf weiteren Episoden Geheimnissen und Verschwörungen auf den Grund gingen. Ab dem 3. Januar 2018 legten Carter, Glen Morgan und James Wong noch einmal nach und präsentierten in einer elften Season zehn weitere Franchise-Abenteuer. Das Revival ist bis heute unter Fans stark umstritten, doch es zeigte sich, dass es noch vieles zu erfahren gibt. Nachdem bekannt wurde, dass es keine Fortführung mit Mulder und Scully geben wird, machen seit einigen Jahren diverse Gerüchte die Runde. Dazu zählt eine inzwischen immer wahrscheinlicher werdende Neuauflage von *Black Panther*-Regisseur Ryan Coogler, der die *X-Files* gerne diverser und inhaltlich moderner gestalten möchte. Inwiefern Carter involviert ist, ließ der am 28. März 2023 bei CBC veröffentlichte Artikel offen, doch Carter selbst sagte, dass unsere Gesellschaft inzwischen so stark mit Konspirationen und Verschwörungstheorien durchtränkt sei, dass sich eine mögliche Neuauflage vom Original schon stark unterscheiden müsste, um der heutigen Zeit gerecht werden zu können. Inzwischen ist bekannt, dass Carter nicht Teil des Produktionsteams sein wird, was im Franchise mit einiger Skepsis zur Kenntnis genommen wurde. Ob ein Reboot daher eine eher aufregende oder abschreckende Neuigkeit ist, muss jede Leserin und jeder Leser für sich entscheiden. Abgesehen von dieser Idee gab es last but not least noch Pläne für ein animiertes Spin-off, das bereits im August 2020 angekündigt wurde. Obwohl sich Fox zur Abnahme des Drehbuchs verpflichtet hatte, berichtete TV Line am 28. März 2023, dass die Produktion offenbar abgeblasen wurde. Chris Carter selbst zeigte sich auf jeden Fall aber schon zuversichtlich. TV Line gegenüber sagte er: »Ich glaube, es gibt noch viele Geschichten zu erzählen und viele Wege, dies zu tun.«

Dass Chris Carter so sehr an seinem größten Erfolg festhält, ist indes leicht nachvollziehbar, denn nach *Akte X* blieben die großen Erfolge für ihn leider aus. Abgesehen von einer Pilotfolge für die von ihm erdachte Serie *The After,* die es aber nicht in die Serienproduktion schaffte, weist das Portfolio des Produzenten und Skriptschreibers keinerlei Projekte mehr auf. Das ist schade, denn ein Mensch wie er hat sicherlich viele Ideen, die einer näheren Betrachtung wert wären, auch ohne dafür die X-Akten erneut zu öffnen.

DER STARTPUNKT

Die Entstehung der Serie

ÜBERBEWERTETE VORBILDER

Unser Kapitel über Chris Carter zu Beginn dieses Buches gewährt Ihnen, liebe Leserinnen und Leser, bereits den einen oder anderen Einblick in die Entstehungsgeschichte von *Akte X*. Dass *Kolchiak: The Night Stalker* und *Das Schweigen der Lämmer* eine nicht ganz unwesentliche Rolle bei der Öffnung der geheimen FBI-Fälle spielte, ist daher für Sie kein großes Geheimnis mehr. Interessant ist aber ohne Zweifel, wie sich der Blick eines Menschen auf sein Schaffenswerk im Lauf der Zeit verändern kann. Die im obigen Abschnitt erwähnten Informationen stammen aus dem Jahr 2018. Sechs Jahre (bis Redaktionsschluss für unser Manuskript) mag für manch einen eine lange Zeit sein; mit Blick auf die Recherchearbeit an diesem Buch sind die von Carter im Entertainment Weekly-Special zur Serie getätigten Aussagen aber recht aktuell. Im Jahr 1996 klang das Ganze zwar nicht gänzlich anders, hatte aber doch insgesamt einen etwas anderen Tenor. *Im X-Files Confidential* von Ted Edwards ist nämlich folgendes Statement zu lesen: »Manchmal wird der Einfluss von *The Night Stalker* überbewertet. Irgendjemand fragte mich einmal, in welcher Weise es (gemeint sind der Film und die darauf basierende Serie, Anm. d. Autors) mich beeinflusste, und ich antwortete: ›Ich glaube, ich erinnere mich an zwei Szenen der alten Show.‹« (Übers. d. Autors).

Auch die Gemeinsamkeiten zum Klassiker *Twilight Zone* werden laut Carter entsprechend zu hoch gewichtet, zumal jede Episode der Rod-Serling-Show eine Botschaft gehabt habe, ein Anspruch, den *Akte X* nie verfolgte. Allerdings stimmen die Aussagen über den wissenschaftlichen Impakt überein. Der vom Serienerfinder knapp erwähnte Psychologe hieß Dr. John Mack und arbeitete seinerzeit an der renommierten Harvard University. Mack wurde in ufologischen

Kreisen deshalb so berühmt, weil er sich ernsthaft mit dem Thema Entführungen auseinandergesetzt hatte und in seinen Untersuchungen feststellte, dass jeder dritte US-Amerikaner fest daran glaubte, Opfer einer Begegnung der vierten Art (im Fachjargon auch CE-4 genannt) geworden zu sein. Als Experte für Schizophrenie hatte Mack natürlich eine fachliche Erklärung parat, die Chris Carter wiederum als gute Ausgangsbasis für seine neue – damals noch in den Kinderschuhen steckende – Serie empfand. Er entschied sich also, seine Show trotz ihres übernatürlichen Charakters fest in der Realität zu verankern, indem er seinem bereits erdachten gläubigen UFO-Forscher Fox Mulder eine der wissenschaftlichen Wahrheitsfindung verpflichtete Gegenspielerin zur Seite stellte. So wurde die Figur der Dana Scully geboren, die daher beinahe von Anfang an Teil des Konzepts war

FBI-BLUES?

Eine weitere Idee, die recht früh Einzug hielt, setzte sich allerdings nicht durch und verließ die Köpfe der Kreativen so schnell, wie sich dort festgesetzt hatte. Als die Show zum ersten Mal der Presse vorgestellt wurde, sagte Chris Carter: »Ein Charakter ist der Skeptiker, der andere der Gläubige. Und der eine hat genauso recht wie der andere. Sie decken Betrügereien auf. Tatsächlich werden sich viele Geschichten nach traditionellen FBI-Fällen anfühlen. Das bedeutet, dass wir angebliche Beweise für übernatürliche Phänomene sehen werden, die aber nicht immer auch gleich etwas mit Aliens zu tun haben müssen. Ich schätze, ungefähr die Hälfte der Fälle, die zunächst paranormal wirken, werden sich als Hoax oder konventionell lösbar herausstellen.«

Das ist ein durchaus interessanter Ansatz, der übrigens in der leider kurzlebigen Mysteryserie *Project Blue Book* (in Deutschland unglücklicherweise mit dem Zusatz *Die unheimlichen Fälle der US Airforce* versehen) zwischen 2019 und 2020 noch einmal aufgenommen und inszeniert wurde. Auch dort gab es einen übergeordneten Alienhandlungsstrang, doch etwa die Hälfte der 20 fertiggestellten Folgen präsentierten letztlich wenig mysteriöse Auflösungen. Was *Akte X* betrifft, so gibt es bis Ende der dritten Staffel lediglich eine Episode, namentlich *Jose Chung's From Outer Space (Andere Wahrheiten),* die keinen übernatürlichen Auslöser hatte. Spannend ist weiterhin, dass Chris Carter abgesehen von den bekannten Verdächtigen noch zwei weitere Serien nennt, die nicht ganz unerheblich für die Entwicklung von *Akte X* gewesen sein dürften. Die erste ist *NYPD Blue,* die als Aufhänger für den obigen Entwurf diente, die andere *The Avengers,* die in Deutschland unter dem Titel *Mit Schirm, Charme und Melone* bekannt wurde. Carter sagte dazu: »Anders als ursprünglich gedacht, wurde die Show weniger eine Art *The Night Stalker* (hier wird der Einfluss der Serie wieder hervorgehoben! Anm. d. Autors) als vielmehr *The Avengers.* Ich liebte die Show. Ich liebte die Beziehung zwischen Steed und Emma Peel, die Intensität der Stories. Ich schreibe auch so, daher ist vieles davon in mein endgültiges Konzept eingeflossen.«

KUSS ODER KEIN KUSS? DAS IST HIER DIE FRAGE ...

Die Vorbilder waren festgezurrt, die Hauptfiguren erdacht. Fehlte nur noch die Beziehung der beiden Protagonisten zueinander. Chris Carter wurde sich schnell darüber klar, dass er im Figurenpoker für Abstand sorgen musste. Deshalb entschied er sich für eine gewisse sexuelle Spannung zwischen Scully und Mulder, die aber in den ersten Jahren nie über das Platonische hinausging. Der Serienerfinder fand es wesentlich spannender, die Figuren nicht gemeinsam ins Bett zu schicken, zumal er der Ansicht war, so für mehr Nachhaltigkeit zu sorgen. Sie kennen das auch heute noch aus zahlreichen Serien. Jeder Mensch weiß, dass sich die Hauptfiguren lieben (beispielweise Higgins und Magnum im Reboot), doch man wartet, bis die Nerven des Publikums zum Zerreißen gespannt sind und dieses fast bereit ist, entnervt die Segel zu streichen, bevor es endlich zum ersten Kuss kommt. Derartiges gab es in den TV-Weiten der Serienwelt schon immer, und es wird sich wohl auch nicht ändern. Ähnlich wie

»kill your darlings« oder »show, don't tell« gehört auch das zu den Grundsätzen des guten Storytellings. Das Problem an der Sache ist, dass diese Leitsätze nur genau das sind: Leitfäden, die bei weitem nicht immer stimmen müssen. Manchmal mag es besser sein, eine Figur in einem Dialog eine Erklärung über eine bestimmte Situation oder den Ist-Zustand einer Geschichte abgeben zu lassen. Bisweilen kann es ebenso die bessere Wahl sein, die Lieblinge quicklebendig durch eine Erzählung zu schicken. Was *Akte X* anbelangt, traf Chris Carter aber die richtige Wahl, zumal die Einsätze der Agenten kompromittiert worden wären, hätten sie zu früh in der Serie eine Affäre begonnen. Der Showrunner, Hauptautor und ausführende Produzent wollte die Sache glaubwürdig halten und plädierte deshalb für überzeugende Figuren und Situationen, die es mit dem Unglaublichen zu tun bekamen.

Um seinen Geschichten den richtigen paranormalen Touch zu verleihen, recherchierte er, so viel er konnte. Er informierte sich eingehend über die Praktiken des FBI, las über Aliens, UFOs und Wissenschaft. Zur Seite stand Carter während der ersten Tage Daniel Sackheim, der an *NYPD Blue* mitarbeitete und 1994 einen Emmy für seine Regiearbeit bei der Show gewann. Er wirkte eng mit dem Erfinder von *The X-Files* zusammen und entwickelte gemeinsam mit ihm den so wichtigen Pilotfilm, der über Wohl und Wehe der Show mitentscheiden würde. Er erinnert sich: »Chris Carter wollte etwas machen, dass furchteinflößend und realistisch zugleich war, und das war es, was mich anzog.« An dieser Stelle kommt ein weiteres Projekt ins Spiel, nämlich die Dokumentation *The Thin Blue Line,* ein Film über einen angeblichen Polizistenmörder in Texas, der sich schließlich als unschuldig herausstellte. In Wahrheit hatte jener Mann die Tat begangen, der den anderen angezeigt und diesen damit ins Gefängnis gebracht hatte. Auch dieses Werk wirkte in gewisser Weise in die X-Akten hinein, wenngleich Sackheim selbst ausführte, dass sein Anteil am Entwicklungsprozess eher geringer Natur sei. Im Interview erzählte er einmal, dass das Konzept im Grunde genommen bereits stand und nur noch geringfügig angepasst wurde. Er selbst sah sich lediglich als Mann, der Carter dabei half, die Produktion durchzuziehen.

Nichtsdestotrotz war Sackheim nicht davon überzeugt, dass *Akte X* lange überleben würde. Vor allem die Figurenkonstellation bereitete ihm Sorgen und erschien ihm auf Dauer zu langweilig. Doch Carter hatte einen Plan. Er wusste schon damals genau, in welche Richtung sich Mulder, Scully und der Metaplot entwickeln sollten. »Der Grund, warum die meisten Serien scheitern, ist der, dass niemand eine langfristige Idee dazu hat, wohin die Reise geht«, sagte der Franchiseerfinder seinem neuen Partner in einer ruhigen Minute. Wie recht er hatte, zeigte sich vornehmlich ab der zweiten Staffel. Das spiegelte sich zudem in den Nielsen Ratings wider, in denen die Serie von Jahr zu Jahr besser dastand. Bevor dies möglich wurde, musste allerdings erst die Pilotfolge namens *Pilot* aka *Gezeichnet* gedreht werden.

In der Weihnachtszeit 1992 stellte Carter den First Draft des Drehbuchs fertig und erhielt als Belohnung das Go für die Produktion. Fünf Revisionen später war es am 2. April 1993 endlich soweit. Die Dreharbeiten starteten in Vancouver und eröffneten das Spiel um Macht und Intrigen, dem Mulder und Scully fortan ausgesetzt waren. Das angepeilte Episodenbudget von 1,1 Millionen Dollar ließ *Akte X* dabei zwar nicht wie eine Billigproduktion aussehen, über einen Platz im preislichen Mittelfeld bewegten sich die Kosten aber nicht hinaus. Zum Vergleich verschlang etwa die *Star Trek*-Serie *Deep Space Nine* rund das Doppelte pro Folge. Auch im zweiten Jahr erhielt Carter nicht wesentlich mehr Geld von der Chefetage und musste trotz steigender Kosten mit 1,2 Millionen Dollar pro Geschichte auskommen. Etwa einhundert Menschen arbeiteten fest angestellt, um die Show auf den Bildschirm zu bringen, und 20 bis 30 weitere brachten ihre Expertise zeitweise ein. Im dritten Jahr ließ Fox daher noch einmal 100.000 Dollar mehr pro Episode springen. Dann endete der übliche Dreijahresdeal, und die Verhandlungen mit den inzwischen zu Stars avancierten Schauspielenden begannen. Zu diesem Zeitpunkt hatte *Akte X* aber bereits einen festen Platz in den Herzen der Fans erobert.

"Sie haben doch einen Bruder, Scully."

"Ja, ich habe einen älteren und einen jüngeren Bruder."

"Haben Sie schonmal einen Tag daran gedacht, einen von ihnen anzurufen, und dann klingelt das Telefon, und er ruft Sie an?"

"Kommt bei dieser Spinnerei eine Methode heraus, um meine Telefonkosten zu senken?"

Mulder & Scully

DIE STARS DER SERIE

Teil 1: Gillian Anderson - (K)ein Portrait

Wenn man bedenkt, dass die ersten Buchbiografien über Gillian Anderson bereits 1997 erschienen, mutet diese Tatsache rückblickend doch reichlich erstaunlich an und lässt sich wohl am besten unter dem Motto »Geldmacherei« verbuchen. Warum, wird deutlich, wenn man sich die TV- und Filmkarriere der Ausnahmeschauspielerin und Feminismusikone einmal näher anschaut. Als die am 9. August 1968 in Chicago geborene Anderson nach Hollywood kam, war sie beruflich betrachtet ein unbeschriebenes Blatt, das darauf wartete, die Geschichte eines aufregenden Lebens empfangen zu dürfen. 1993 wies ihr Portfolio gerade einmal vier Produktionen auf, darunter zwei kleine Nebenrollen in den Kurzfilmen *Three at Once* und *A Matter of Choice*. Jedoch darf man an dieser Stelle nicht vergessen, dass dies nicht die ganze Vorgeschichte ist. Nachdem sie sich schon in der Schule für die Schauspielerei interessiert und 1990 ihren Bachelor of Fine Arts in der Tasche hatte, wandte sich die talentierte Newcomerin zunächst erfolgreich dem Theater zu. 1991 gewann sie bekanntermaßen mit dem Off Brodway-Stück *Absent Friends* einen Theater World Award für die beste Nachwuchsdarstellerin.

Als sie kurze Zeit später in die Traumfabrik kam, wollte sie eigentlich Filmschauspielerin werden und zeigte für das Fernsehen zunächst wenig Interesse – bis zu jenem Schicksalstag, an dem sie das Skript zu *The X-Files* las. Das Drehbuch erregte sofort ihre Aufmerksamkeit. In einem mit Entertainment Weekly geführten Interview erinnerte sie sich 2018: »Ich dachte, ich gehe da hin und spreche für die Serie vor. Wahrscheinlich führt das zu gar nichts, die Sache ist also ganz harmlos.«

Wie wir heute wissen, kam es anders. Chris Carter zeigte sich trotz der Unerfahrenheit sofort begeistert von der jungen

Frau mit den rot gefärbten Haaren. Für die Aktrice kam die Rolle der Dana Scully wie gerufen, denn egal, wo man auf der Welt lebt, ohne Geld läuft nun einmal gar nichts. Andersons Hoffnung, für ein paar Wochen Arbeit zu haben, mit der sie zudem ihr Portfolio anreichern konnte, ging dank Chris Carters Einsatz und Hartnäckigkeit auf. Tatsächlich hatten die Verantwortlichen bei Fox nämlich ganz andere Vorstellungen zur Besetzung der weiblichen Hauptrolle. Schon das erste Vorsprechen muss ein beängstigendes Gefühl für die Schauspielerin gewesen sein. Neben ihr sprachen noch 15 bis 20 weitere Anwärterinnen vor, doch keine von ihnen holte an diesem Tag den Jackpot. Fox setzte daraufhin ein weiteres Casting an und drängte nun darauf, Anderson zu bekommen. Doch die Executives zeigten sich weiterhin unschlüssig. Immer und immer wieder sahen sie sich aus Mangel an anderem Material ihren Auftritt in der Fernsehserie *Class of '96* an, bis der Showrunner schließlich die Schlacht um den weiblichen Star der Serie für sich entschied. Die Skepsis über die Entscheidung hielt indes noch bis weit über die Dreharbeiten zum Pilotfilm hinaus an, doch Chris Carter hatte nicht nur ein Auge für gute Schauspielkunst bewiesen, sondern auch Feingefühl und Durchhaltevermögen. Anderson erhielt die Zusage für die Rolle an einem Donnerstag, bestieg ein Flugzeug nach Vancouver und begann zwei Tage später mit den Dreharbeiten. So schnell kann es manchmal gehen.

Wider Erwarten seitens Fox avancierte Gillian Anderson innerhalb kürzester Zeit zum Star, was neben dem Können auch der fantastischen Chemie zuzuschreiben ist, die Anderson und ihr Filmpartner David Duchovny auf dem Bildschirm versprühten. Die Mimin berichtet über ihre erste Zeit am Set: »Die einzige Anweisung, die wir bekamen, war die Bitte um einen gemeinsamen Blick am Ende jeder Szene, die mit UFOs oder Monstern zu tun hatte. Mein Gesichtsausdruck ging in die Richtung von: ›Ich habe keine Ahnung von solchen Dingen.‹ Und seiner sagte ungefähr aus: ›Siehst du? Das alles ist echt. Na komm schon!‹ Das könnte durchaus dazu beigetragen haben, ein Gefühl der Verbundenheit zwischen uns aufzubauen.« Interessant ist übrigens, dass Anderson als Dana Scully eine Person darstellte, die im Grunde genommen konträr zu ihrem Glauben stand. Wie sie freimütig im *X-Files Confidential* erzählte, war sie weit weniger ungläubig als ihr Alter Ego: »Ich bin keine große Skeptikerin. Ich glaube an UFOs. [...] Ich war schon immer vom Paranormalen fasziniert, und ich glaube, auf gewisse Weise habe ich schon immer vermutet – oder vielleicht sogar gewusst – dass diese Dinge Realität sind.« Ob diese Eigenschaft zu dem Megaerfolg der X-Akten beigetragen hat, lässt sich heute naturgemäß nicht mehr verifizieren. Fest steht allerdings, dass Gillian Anderson in mehrfacher Hinsicht auf ewig mit dem Franchise verbunden ist, nicht zuletzt aufgrund des berühmten Scully-Effekts, auf den wir in den nachfolgenden Kapiteln zur Figur der Dana Scully noch näher eingehen werden. Heute ist Gillian Anderson eine Ikone des modernen Feminismus, eine Vorreiterin für gleiche Bezahlung für gleiche Arbeit, ein Vorbild für Millionen Frauen und eine vielgebuchte, brillante Schauspielerin. Bis Redaktionsschluss für dieses Buch brachte sie es auf 72 TV- und Filmrollen mit insgesamt circa 400 Einzelauftritten, wobei noch lange kein Ende in Sicht ist. Gillian Anderson ist eben mehr als »nur« Dana Scully. Und Dana Scully ist mehr als nur ... aber darüber sprechen wir gleich.

"Da oben ist etwas, Mulder."
"Das sage ich schon seit Jahren."

Scully & Mulder

DIE PROTAGONISTEN

Teil 1: Dana Scully – Mehr als nur ein Sidekick

ERSTE SCHRITTE

Welcher Phile erinnert sich nicht an den ersten Auftritt von Dana Scully in *Akte X*? Selbstbewusst schreitet sie in heller Hose und grau-kariertem Blazer die Treppe des FBI-Hauptgebäudes empor, lächelt ihren Kolleginnen und Kollegen im Großraumbüro freundlich zu und findet sich schließlich bei Section Chief Scott Blevins (Charles Cioffi) ein. Der sitzt beschäftigt an seinem ausladenden Bürotisch, im Hintergrund steht unauffällig auffällig ein im schwarzen Anzug gekleideter Mann (William B. Davies), dem wir im Lauf der Zeit unter dem Pseudonym Cigarette-Smoking-Man (hierzulande meist: Krebskandidat) noch 42 weitere Male begegnen werden. Schon im ersten Dialog der Serie erfahren wir einige spannende Details über die Agentin: Sie ist seit zwei Jahren beim FBI, studierte Medizin, praktiziert aber nicht; sie wurde während ihres Studiums angeworben. Zudem sind ihre Eltern offenbar nicht begeistert von ihrer Berufswahl.

Für die Einführung der Figur reichen diese wenigen Informationen selbstredend völlig aus, zumal Scully den Auftrag erhält, die Arbeit ihres Kollegen Fox Mulder, den sie nur vom Hörensagen kennt, zu überwachen und zu bewerten. Das ist es also, so scheint es. Die Frau, die sich von ihrer Arbeit beim FBI eine berufliche und persönliche Weiterentwicklung erhofft, endet sozusagen als Spionin in den eigenen Reihen. Seien wir einmal ehrlich, sympathisch geht anders. Nichtsdestotrotz sollte schon der erste Fall die beiden Hauptfiguren der 1993 brandneuen Mysteryserie auf eine Art zusammenschweißen, die kaum vorhersehbar gewesen war. Die beiden Agents wurden beinahe sofort zu Fanlieblingen, obwohl die für den Markt so wichtigen Nielsen Ratings nicht unbedingt eine vielversprechende Zukunft für *Akte X* verhießen. Die gesamte erste Staffel stand mit einem Durchschnitt von 11.21 Millionen Zusehenden und Platz 105 in der Gesamtbewertung nicht annähernd so gut da, wie man heute vielleicht annehmen könnte.

Nichtsdestotrotz erfüllten die ersten 24 Episoden die Erwartungen von Fox, und spätestens nach *Pilot (Gezeichnet)* wollten die Fans mehr über ihre Heldin und ihren Held wissen. Chris Carter und sein Team erfüllten diesen verständlichen Wunsch wohlweislich, noch bevor das Publikum selbst ahnte, was es brauchte. Denn einige Minuten nach der oben beschriebenen Einführungsszene ergänzt »Spooky Mulder« unser Wissen über seine neue Kollegin im ersten Dialog zwischen den beiden. Er teilt Scully ohne Umschweife mit, dass er seine Hausaufgaben durchaus gemacht hat und gut über sie informiert ist. So erfahren wir, dass sie über einen Doktortitel verfügt, ihr Vordiplom in Physik absolvierte und Gastdozentin an der Akademie ist. Ihre Dissertation schrieb sie über das Thema »Einsteins Doppelspaltversuch, eine neue Interpretation.«

EINS NACH DEM ANDEREN

Von nun an warfen uns die Serienmacher immer mal wieder ein Häppchen über Scully auf den Tisch. In der Episode *Ghost in the Machine (Geist in der Maschine)* kann das aufmerksame Publikum ihre Dienstnummer FBI-ID 2317-616 sowie ihre private Telefonnummer 202-555-6431 herausfinden. Später in der Episode *Lazarus* lernen wir, dass ihr Geburtstag ein 23. Februar ist, obwohl es noch bis in Staffeln zwei hinein dauert, bis endlich das Jahr 1964 festgezurrt ist. Das Kreuz an Danas Hals war ein Geschenk ihrer Mutter und zeugt seit ihrem 15. Lebensjahr von der katholischen Erziehung, die ihre Eltern ihr zuteil werden ließen. Obwohl sie eine gut ausgebildete Akademikerin ist und Mulders Welt skeptisch betrachtet, zehrt die smarte Agentin aber über ihre gesamte Laufbahn hinweg von ihrem Glauben. Zwar lassen ihre schrecklichen Erlebnisse sie bisweilen zweifeln, letztlich findet sie aber immer wieder zu Gott zurück.

Bevor wir uns weiter mit Danas charakterlicher Entwicklung befassen, werfen wir an dieser Stelle noch einen kurzen Blick auf ihre Familie und ihren beruflichen Werdegang, die uns in der Serie recht früh nahegebracht werden. Ihr Vater William war Rear-Admiral bei der US Navy, was dazu führte, dass er, seine Frau Margret sowie die Kinder William (Bill) Jr., Charles (vgl. *Roland),* Melissa und sie oft umzogen. Trotz der besonderen Umstände eines solchen Lebens schaffte Dana einen guten Schulabschluss und schrieb sich schließlich an der University of Maryland ein, wo sie im Alter von nur 23 Jahren den oben erwähnten Abschluss in Medizin machte. Anschließend absolvierte sie eine Ausbildung als Fachärztin für Forensik, eine Spezialisierung, die ihr in ihrer Tätigkeit als X-Akte-Agentin oft zugutekam. Noch im Jahr 1991 wurde sie zur Gastdozentin berufen, ein Status, den sie noch innehat, als sie ein Jahr später (laut Serienkanon) vom oben bereits erwähnten Division Chief Blevins, dem Cigarette Smoking Man und einem Unbekannten (gespielt von Ken Camroux) auf »Spooky« Mulder angesetzt wird.

SCHICKSALSSCHLÄGE

Obwohl William Scully seine Tochter innig liebte, konnte er sich nie wirklich damit abfinden, dass sie auf eine vielversprechende medizinische Karriere zugunsten einer Ausbildung beim FBI verzichtete. Als er 1994 *(Far Beyond the Sea, Die Botschaft)* an einem Herzinfarkt stirbt, ist es ausgerechnet dieses einschneidende Ereignis, das ihre wissenschaftlich analytische Skepsis auf die Probe stellt. Eine Stunde nach seinem Ableben erscheint William ihr in ihrem Schlafzimmer, und kurze Zeit später erweist sich der Serienkiller Luther Lee Boggs (Brad Dourif) als paranormales Sprachrohr für ihn. Dana hatte stets das Gefühl gehabt, ihrem geliebten Vater nicht gerecht geworden zu sein, und weiß ihr Erlebnis zunächst nicht einzuordnen. Jedoch lehrt der Fall sie, dass es womöglich doch mehr zwischen Himmel und Erde gibt, als die Wissenschaft mit all ihren Methoden erfassen kann.

Der Verlust ihres Vaters ist ein schwerer Schicksalsschlag für die taffe Agentin, doch es ist nicht der letzte in ihrem Leben. 1995, circa eineinhalb Jahre nach William Scullys Tod, erschießen die Syndikat-Agenten und Profikiller Alex Krycez und Luis Cardinal Danas Schwester Melissa. Tragischerweise war die erst 33-jährige nicht einmal das auserkorene Ziel, da der Anschlag in Wirklichkeit der X-File-Agentin selbst galt. Zwar bittet Scully noch den Navajo-Schamanen Albert Hosteen (Floyd »Red Crow« Westerman) darum, für Melissa zu beten, wie er es kurz zuvor für Fox getan hatte, doch können selbst seine Kräfte ihren Tod nicht verhindern (vgl. *The Blessing Way, Das Ritual).*

Einige Jahre später erfährt Dana, dass das Syndikat ihr für schreckliche Experimente zur Erschaffung eines Mensch-Alien-Hybriden während ihrer Entführung (vgl. *Duane Barry, Unter Kontrolle)* Eizellen entnahm. Aus der folgenden Befruchtung entstand die kleine Emily, die aber bald, nachdem sich Kind und biologische Mutter kennenlernen, unter mysteriösen Umständen stirbt (vgl. *Emily, Emily – Teil 2).* Nach diesem traumatischen Verlust bleibt Dana bis ins Jahr 2016 vor weiteren Sterbefällen in ihrer Familie verschont. Mit dem Tod ihrer geliebten Mutter Margaret (vgl. *Home Again, Heimat),* die nach einem Herzinfarkt ins Koma fällt und anschließend stirbt, verliert sie schließlich einen weiteren großen Halt.

CHARAKTERLICHES

Seit Scully zum FBI kam, hat ihr Leben also einige dramatische Wendungen genommen, die sich teilweise drastisch auf ihr Berufs- und Privatleben auswirkten. Ihre Karriere als X-Akte-Ermittlerin nachzuzeichnen, hieße quasi alle 220 Fälle (inklusive der Kinofilme) nachzuerzählen, die sie mit und ohne Mulder erlebt und durchlitten hat. Ergiebiger ist es vielleicht insofern, einen Blick auf ihre bemerkenswerte persönliche Entwicklung zu riskieren, die sie in den vielen Jahren beim FBI durchlaufen hat. Die US-amerikanische Medienwissenschaftlerin Natacha Guyot weist in ihrem Buch *A Feminist Scientist Navigating Patriarchies* zu Recht darauf hin, dass Scully in Anbetracht ihrer Erlebnisse über eine außerordentliche Charakterstärke verfügt: »Scullys Handlungskompetenz ist ein Kernelement ihrer Portraitierung, die sie im Verlauf von *The X-Files* vielfach unter Beweis stellt. [...] Diese Fähigkeit ermöglicht es ihr, sich zu einer Frau mit einem starken Willen und freiem Geist zu entwickeln.« (S. 83, Übers. d. Autors). Zieht man die oben angesprochenen Schicksalsschläge ins Kalkül und fügt ihre Krebserkrankung sowie ihre spätere Beziehung zu Mulder und ihre Mutterschaft hinzu, möchte man dieser Feststellung nicht widersprechen. Dennoch muss die Frage erlaubt sein, ob Dana tatsächlich von Anfang an jene starke, unbeugsame Person war, die Guyot in ihrer Dissertation von 2021 beschreibt.

Sicherlich kann man argumentieren, dass sie sich allein schon durch ihren beruflichen Werdegang vom Medizinstudium mit Nebenfach Physik bis hin zu einer Karriere beim FBI als willensstarke Frau etablierte. Allerdings wirkt sie in den ersten beiden Staffeln recht verletzlich. Gute Beispiele hierfür sind die Episoden *Fire (Feuer)* und *Gender Bender (Verlockungen).* In ersterer schießt sie nicht auf den »Feuerteufel« Bob (Mark Sheppard), obwohl sie mit einer Waffe in der Hand vor ihm steht und das obere Stockwerk bereits brennt; in der zweitgenannten gerät sie in den Bann eines Mitglieds der Kindred-Sekte namens Bruder Andrew (Brent Hinkley). Was oberflächlich betrachtet als Zufall interpretiert werden könnte, hat vornehmlich in den ersten Staffeln Methode, zumal Mulder grundsätzlich der Wissende und Scully die ungläubige Skeptikerin ist, die ein ums andere Mal einsehen muss, wie falsch sie liegt. Mulders Spürsinn ist im Gegensatz dazu beinahe unfehlbar und daher über jeden Zweifel erhaben. Das ist ein höchst diskutabler Figurenaufbau. Allerdings wandelt sich dieses Bild erfreulicherweise über die Jahre hinweg zum Positiven. Deshalb stellt Guyot in der oben zitierten Arbeit schließlich fest: »Im Lauf von neun Staffeln der Originalserie, zwei Kinofilmen und einem Sequel mit zwei weiteren Staffeln hat die von Gillian Anderson gespielte Figur von einem bedeutenden narrativen Raum über eine lange Zeit hinweg profitiert, um sich zu entwickeln und ihre Spuren als fiktive Wissenschaftlerin zu hinterlassen.«

Und weiter unten: »Ihre rationale Herangehensweise und ihr wissenschaftliches Know-how treiben sie über Jahre hinweg an, selbst wenn sie versucht, private und berufliche Schwierigkeiten mit mysteriösen und erschütternden Erlebnissen zu vereinbaren. Diese Erfahrungen führen zu einer Weiterentwicklung ihrer Weltanschauung, die sich sowohl auf ihr berufliches wie auch ihr privates Leben auswirkt, wenn auch auf unterschiedliche Weise.« (S. 193, Übers. d. Autors). Dem ist vor allem mit Blick auf die Staffeln acht und neun, in denen Scully meist ohne Mulder die Fälle der X-Akten bearbeitet, nicht viel hinzuzufügen. Doch führt all dies dazu, dass sich Scully als feministische Figur lesen lässt, wie Guyot in ihrem Schlusswort bemerkt?

ZWISCHEN PSEUDOFEMINISMUS UND FEMINISMUS?

Die Medienwissenschaftlerin Annie Manion führt in einem bemerkenswerten Artikel aus dem Jahr 2015 an, dass sich das Rollenbild der Frau in US-amerikanischen Crime-Shows seit den 70er-Jahren zwar merklich gewandelt hat, aber immer noch einer Weiterentwicklung hin zu einer nuancierteren Darstellung weiblicher Protagonisten bedarf. Die frühen 90er-Jahre orientierten sich noch stark an dem bis dato vorherrschenden patriarchalischen Mythos, nach dem Frauen zwar gute und taffe Detektivinnen sein konnten, aber dennoch in die Opferrolle zurückfielen, sofern es dem Spannungsbogen diente. Dasselbe trifft zumindest in den ersten Staffeln von *The X-Files* auch auf Dana Scully zu. Einerseits behauptet sich die Agentin in einer offensichtlichen Männerdomäne, andererseits muss sie aber des Öfteren von Fox Mulder aus höchster Not gerettet werden oder benötigt zumindest seine Waffenhilfe. Sie ist es auch, die vom Syndikat entführt und damit in die oben erwähnte Opferrolle gedrängt wird. Die weibliche Hauptfigur setzt also eine in Serien und Filmen oft verfolgte Strategie der Verletzlichkeit und Hilflosigkeit fort, die die zuvor etablierte Handlungsfähigkeit durch die archaische Darstellung der viktimisierten Weiblichkeit aufhebt, wie Melanie Robson in *Hero Or Victim? Dana Scully's Complex Empowerment In the X-Files* feststellt.

STEREOTYPE ERSCHEINUNGSFORMEN

Allerdings steht dem die Tatsache entgegen, dass das Team um Chris Carter mit dem Stereotyp der »intuitiven Gläubigen« brach und Scully den Part des sonst meist Männern zugestandenen Skeptikers mit akademischem Background zuschrieb. Doch dieses Narrativ ist ebenfalls nicht frei von Problemen, weil diese Art des ›Reverse-Characterbuildings‹ häufig lediglich dazu diente, Mulders oft krude Theorien zu bestätigen und im Gegenzug zu beweisen, dass Scully mit ihrem Skeptizismus falsch lag. Entsprechend nennt der Philosoph Mark C. E. Peterson die beiden Protagonisten in seinem Essay *The Truth Is Out There: Abductions, Aliens and Alienation* Holmes und Watson, wobei Mulder in dieser Lesart den Meisterdetektiv und Scully dessen Freund und Helfer darstellt. V. Alan White geht in seinem Aufsatz *Freedom And Worldviews in The X-Files* noch einen Schritt weiter, wenn er argumentiert, dass die Agentin zwar als Wissenschaftlerin auftritt, aber beispielsweise in der Episode *Lazarus* aufgrund emotionaler Befangenheit im Gegensatz zu ihrem männlichen Kollegen die Fakten falsch interpretiert. Zwei Seiten später argumentiert er ergänzend, dass Mulder zwar erkennen muss, dass er vom Syndikat belogen wurde, doch an seinem grundsätzlichen Ansatz des gläubigen Ufologen ändert sich nichts. »Auf der anderen Seite gelangt Scully zu der Erkenntnis, dass die ihr vertrauten wissenschaftlichen Erklärungen für einige Phänomene nicht funktionieren und dass das, was sie bislang für die wissenschaftliche Realität hielt, stark erweitert werden muss [...].« Um also weiterhin adäquat ermitteln zu können, muss die Ärztin und FBI-Agentin ihren glaubenden Kollegen in gewisser Weise imitieren und sich der Realität Mulders anpassen.

PATRIARCHALISCHE STRUKTUREN

Die oben genannten Argumente zielen darauf ab, Scully als pseudofeministische Frau zu interpretieren, zumal das

Produktionsteam der Serie ein klassisch patriarchaler Raum war. So wies Gillian Anderson beispielsweise 2017 in einem Twitter-Feed (heute: X) darauf hin, dass von den damals existierenden 207 Episoden lediglich zwei von Frauen gedreht wurden. Die Regisseure der beiden Filme waren zudem Rob S. Bowman und Chris Carter selbst. Ein ähnliches Bild ergibt sich bei einer genaueren Betrachtung der beiden Spin-off-Serien *Millenium* und *The Lone Gunmen,* bei denen ausschließlich Männer Regie führten. Allerdings zeichnete zumindest in der erstgenannten Serie die Produzentin und Autorin Erin Maher für 22 der insgesamt 67 Episoden als Story-Editorin und für vier als Drehbuchautorin verantwortlich, während ein weiteres Skript von Virgina Stock stammt. Außerdem ist bekannt, dass Gillian Anderson zunächst weitaus schlechter als David Duchovny bezahlt wurde und drei Jahre darum kämpfte, dieselbe Gage wie ihr Filmpartner zu erhalten. Dennoch bot Fox der Schauspielerin im Jahr 2016 für die Wiederaufnahme ihrer ikonischen Rolle erneut weniger Geld als Duchovny, was diese zu Recht ablehnte und letztlich ein ebenbürtiges Honorar erhielt. Die australische Literaturwissenschaftlerin C. E. Knowles stellt dazu fest: »Man sollte sich vor Augen halten, dass Scullys Feminismus in erster Linie ein von Männern erschaffenes Konstrukt ist, das von der unbestrittenen weiblichen Stärke, die Anderson der Rolle verleiht, überlagert wird.«

EINE IKONE DES FEMINISMUS?

Gerade deshalb, so Knowles weiter, wurde die Figur zu einer Ikone des »neuen Feminismus«, der sich vom Feminismus der in den 60er Jahren beginnenden zweiten Welle zu lösen versucht, indem er das Persönliche vom Politischen entkoppelt. Denn anstatt »das Patriarchat direkt herauszufordern oder sich mit Frauenaktivistinnen zusammenzuschließen«, fügt sich Scully in das System ein und verwirft den Gedanken an ein kollektivistisches feministisches Ziel zugunsten eines individualistischen Strebens. Das Problem an dieser Sichtweise ist evident, denn die Frage steht im Raum, ob Feminismus lediglich dazu dienen sollte, sich in ein bestehendes männerdominiertes System einzugliedern, um auf diese Weise eine gewisse Handlungsfreiheit zu erhalten. Melanie Robson widerspricht dieser Auffassung insoweit, da sie auf Scullys Status als Ärztin, Physikerin und FBI-Agentin verweist, durch den die Figur eine Komplexität erhält, die im Fernsehen der 90er-Jahre und lange danach nur sehr selten zu sehen war. Betrachtet man allerdings die vollständige Entwicklung der Figur von 1993 bis 2018, ergibt sich tatsächlich ein wesentlich differenzierteres Bild von Dana Scully und ihrem Einfluss sowohl auf die Popkultur als auch den modernen Feminismus. So kommt eine vom Geena Davis Institute of Gender in Media durchgeführte Studie zu dem Ergebnis, dass sie für einen ›Scully-Effekt‹ verantwortlich zeichnet, der als synonym zu einem aus dem *Star Trek*-Franchise bekannten Phänomen gelesen werden kann. Im Fazit des aufschlussreichen Papers heißt es: »Eine große Mehrheit der Frauen, die mit *The X-Files* und der Figur der Dana Scully vertraut sind, sehen sie als ein Rollenvorbild für Mädchen und Frauen, und annähernd zwei Drittel der Befragten, die in MINT-Fächern tätig sind, sagen, dass Scully ihr Vorbild gewesen sei.« Fast alle stimmten zudem darin überein, dass sie ein starker und intelligenter Charakter ist, der ihr Vertrauen in die Fähigkeit stärkte, in einem männerdominierten Berufsfeld herausstechen zu können.

Auch wenn die Studie von 21 Century Fox in Auftrag gegeben wurde und damit sicherlich nicht als unparteiisch betrachtet werden sollte, ist es dennoch bemerkenswert, dass sich das Ergebnis mit anderen Erhebungen deckt, wie C. E. Knowles feststellt. Obwohl dem Feminismus der Figur also gewisse Grenzen auferlegt sind, verkörpert sie doch einen charakterfesten Frauentypus, deren Entscheidungen nicht aufoktroyiert sind, sondern ihrem auf Professionalität und einem gesunden Skeptizismus basierenden Selbstvertrauen entspringen. An diesem Punkt setzt die Arbeit von Natacha Guyot an, die sich in ihrer Untersuchung hauptsächlich auf Scullys wissenschaftlichen Background stützt und damit zu belegen versucht, dass der Charakter keineswegs als pseudofeministisch interpretiert werden sollte. Auch sie stellt zwar fest, dass die FBI-Agentin in der Serie einer patriarchalisch strukturierten Organisation zum Opfer fällt und trotz ihres Kampfes gegen das Syndikat die Opferrolle nie ganz ablegen kann. Allerdings profitiert die Figur sowohl von ihrer Langlebigkeit als auch von der überwiegenden Abwesenheit Mulders in den Staffeln acht und neun. Dadurch wird die ursprünglich nur vordergründig gleichberechtigte Partnerin des Ermittlerduos zur Hauptfigur und zum zentralen Bestandteil der Serie. Es findet somit zwar keine Umdeutung im Sinne eines differenzierten Umgangs mit Rollenmodellen statt, indes jedoch eine figürliche Weiterentwicklung, die auf Scullys Integrität und ihrer Handlungsfreiheit basiert. Hinzu kommt, dass die Figur nicht in dem Ausmaß sexualisiert wird, wie es in anderen Serien der Fall ist, in denen Frauen beispielsweise ihre Attraktivität nutzen, um damit an wertvolle Informationen zu kommen und somit das Klischee der Femme Fatale bedienen. Stattdessen beruft sich *Akte X* immer wieder auf Scullys Pragmatismus und ihren wissenschaftlich basierten Skeptizismus, der während ihrer Untersuchungen oftmals mit Voiceover-Erläuterungen untermauert wird. Diese dienen wiederum nicht dazu, den Ausnahmestatus der Figur hervorzuheben, wie in pseudofeministisch argumentierenden Aufsätzen oft zu lesen ist. Vielmehr sind sie als sinnvolles Stilmittel dazu geeignet, dem Publikum schnell und unkompliziert Wissen zu vermitteln. Ergänzend verweisen die Vorträge aus dem Off auf Scullys naturwissenschaftliche Kompetenz, die dem Glaubensprinzip von Mulder konträr gegenübersteht. Diese ist, wie Guyot richtig feststellt, ein elementarer Bestandteil, der die Entwicklung der Figur vorantreibt, während Mulder stagniert. Letztlich resümiert die Medienwissenschaftlerin, die achte und neunte Staffel von *The X-Files* seien der Beweis, dass die Serie sehr wohl ohne Mulder auskam, nicht aber ohne Scully. Diesem Statement möchte der Autor dieses Kapitels jedoch nicht uneingeschränkt zustimmen, zumal der Ausbau der Rolle der Tatsache zu verdanken ist, dass David Duchovny seinen Vertrag nicht verlängerte. Wäre Gillian Anderson, wie zu Beginn der Serie sogar angedacht, aus *The X-Files* ausgeschieden, hätte sich mit großer Wahrscheinlichkeit ein Ersatz gefunden. Dass die letzten beiden Staffeln zudem nicht mehr den Esprit der ersten Jahre versprühen, ist unter Fans und Kritikern im Großen und Ganzen unumstritten und eben auf die fehlende Teamdynamik zurückzuführen.

FAZIT

Wie die obigen Betrachtungen zeigen, ist Dana Scully eine schwer zu interpretierende Figur, die sich weder zweifelsfrei in die pseudofeministische noch in die feministische Lesart einordnen lässt. Unbestritten dürfte indes sein, dass Gillian Anderson ihrem Alter Ego ein hohes Maß an Komplexität und eine für das Fernsehen der 90er und frühen 2000er Jahre nicht selbstverständliche Kompetenz verlieh. Zwar fielen die Autoren der Serie immer wieder in männlich-stereotype Denkmuster zurück, dennoch emanzipierte sich die Figur dank ihrer langen Lebensdauer und wurde für Millionen weiblicher Fans zum Vorbild. Als Fazit lässt sich daher festhalten, dass der Interpretationsansatz als solcher weniger entscheidend ist als die Wirkung, die die Figur auf die Popkultur und das Rollenverständnis einer Generation junger Frauen hatte, die ihre Abenteuer am Bildschirm verfolgten.

"Sie sind hier, nicht wahr?"
"Mr. Mulder, ich kann Ihnen versichern, dass sie schon seit langer Zeit hier sind."

Mulder & Deep Throat

EINE KLEINE GESCHICHTE DES MYSTERY-FERNSEHENS

Teil 1: Die 50er-Jahre

EINLEITUNG

Man könnte sagen, das Mystery-Genre ist so alt wie der Mensch selbst. Natürlich ist – rein literarisch betrachtet – ein Märchen etwas anderes als eine Sage, eine Legende oder eine schlichte Geschichte zu reinen Unterhaltungszwecken. Doch in Bezug auf das übernatürliche Suspense-Element vieler Erzählungen in der Menschheitsgeschichte wirkt der einführende Satz dieses Kapitels nicht so übertrieben, wie es auf den ersten Blick scheint. Führt man sich die Tatsache vor Augen, dass die ältesten musikarchäologischen Funde bis zu den Neandertalern zurückreichen und sich circa 45000 Jahre weit zurückverfolgen lassen, wird der Gedanke noch klarer. Nach allem, was wir wissen, korrespondiert die Entwicklung der ersten Musik nämlich eng mit dem Auftreten der Sprache. Menschen, und möglicherweise ebenso ihre Artverwandten, orientierten sich an der Natur und begannen sie auf Basis ihrer Beobachtungen musikalisch und sprachlich zu interpretieren. So entstanden Götter, Monster und Geister. In zahlreichen Kulturen lassen sich Mythen und Sagen identifizieren, die von Halbgöttern und anderen Wesen berichten, die vom Himmel fielen. Damit war die Basis für das spätere UFO-Phänomen geschaffen, wie unter anderem anhand der sogenannten Paläo-Seti-These sichtbar wird. Mit anderen Worten: Schon unsere Vorfahren versuchten die Welt anhand von Geschichten zu erklären, die mit hoher Wahrscheinlichkeit teils mehr, teils weniger mit übernatürlichen Elementen ausgeschmückt waren. Dieses Phänomen nahm mit der Erfindung des bewegten Bildes einen gewaltigen Sprung, der mit dem Erscheinen des Fernsehens endgültig die Wohnzimmer von Millionen Familien erreichte. Die Tatsache, dass die ersten Vorläufer von *The X-Files* nicht etwa in *Twilight Zone*, *Twin Peaks* oder *The Night Stalker* zu suchen sind, verwundert daher kaum. Denn auch diese Serien und Filme zitierten und rezipierten nur diverse Vorgänger.

VON *SHERLOCK HOLMES* BIS *LIGHTS OUT*

Die erste seriell erzählte Mystery-Geschichte in bewegten Bildern dürfte wahrscheinlich aus dem Jahr 1910 stammen. Die Produktion trägt den Titel *Arséne Lupin contra Sherlock Holmes* und wurde von der Deutschen Vitaskop GmbH als Serial für das Kino produziert. Zwar erzählen die fünf Teile im Grunde genommen klassische Kriminalgeschichten, doch ein leichtes Mystery-Element ist schon in dieser Stummfilmadaption des gleichnamigen Romans von Maurice Leblanc gegeben. Bis ins Jahr 1915 sollte sich an dem vordergründigen Crime-Gedanken nichts Wesentliches ändern, bis mit *The Black Box* von Universal Manufacturing Co. ein 15-teiliges Serial von E. Phillips Oppenheim auf den Markt kam. In dem heute als verschollenen geltenden Mehrteiler geht es zwar ebenfalls um einen Detektiv; dieser nutzt nun allerdings schon so manches futuristische Gadget, um den Killer zu fangen. Von nun an war die Entwicklung des Genrefilms und der Genreserie nicht mehr aufzuhalten. Ein Jahr später folgte mit *The Mysteries of Myra* das erste Horrordrama und mit *Homunculus* der Firma Deutsche Bioskop der erste sechsteilige Science-Fiction-Spielfilm.

1930 hielt schließlich der Tonfilm in Form des Zehnteilers *The Voice from the Sky* Einzug. Das Serial wurde vom bekannten Stummfilmregisseur Ben F. Wilson gedreht und galt bis vor Kurzem ebenfalls als verloren, wurde aber glücklicherweise dann doch wieder entdeckt. Von nun an lehrten indes zahlreiche Werke wie *The Whispering Shadow* (von den legendären Mascot Pictures) und *The Vanishing Shadow* die Menschen das wohlige Schauern. Vor allem die Produktionsfirma Republic Pictures tat sich diesbezüglich hervor und warf zahlreiche Science-Fiction-, Mystery- und Superheldenstorys auf den Silverscreen. Doch mit der Einführung des

Fernsehens neigte sich das Kinoserial allmählich unwiderruflich dem Ende entgegen. 1946 startete endlich die von Herbert Swope Jr. und Fred Coe zunächst als Radiodrama angelegte Mysteryserie *Lights Out,* die sich zahlreicher Themen annahm, die später auch in *The X-Files* adaptiert wurden. 1949 wechselte man dann ins vielversprechende neue Medium namens Fernsehen. Episoden wie *The Martian Eyes, Dr. Heidegger's Experiment* und *The Passage Beyond* sprechen noch heute recht eindeutig dafür, dass wir es hier mit der möglicherweise ältesten TV-Mysteryanthologieserie überhaupt zu tun haben, die genreübergreifend Geschichten über das Unfassbare erzählte. Wie seinerzeit üblich, wurden die als 30-minütige Kurzfilme gezeigten Episoden bei NBC live ausgestrahlt und von einem Erzähler – in diesem Fall Jack La Rue und ab 1950 Frank Gallop – eingeleitet. Zwischen 1946 und 1952 brachte es die Serie insgesamt auf 160 Episoden, in denen viele (spätere) Stars wie Leslie Nielsen, John Forsythe, John Carradine, Grace Kelly und Basil Rathbone zu sehen waren. Bemerkenswert ist zudem, dass *Lights Out* die erste Serie überhaupt ist, in der die seinerzeit brandneue, bei NBC entwickelte Splitscreen-Technologie Anwendung fand.

VON *OUT THERE* BIS *SCIENCE FICTION THEATRE*

Lights Out lief noch erfolgreich im TV, als CBS am 10. Oktober 1951 eine neue Science-Fiction-Anthologieserie ankündigte, die ab 28. Oktober um 18:00 Uhr laufen sollte. Wie die Konkurrenz bei NBC richtete man sich überwiegend an ein erwachsenes Publikum, mit der Einschränkung, dass man ebenso wenig den jüngeren Zuschauenden gegenüber abgeneigt war. Auch verabschiedete man sich von reinen Horrorgeschichten und konzentrierte sich auf Pulp-Sci-Fi. Der Titel der neuen Serie, *Out There – in Time, Space and the Worlds of Science Fiction,* war also im wahrsten Sinn des Wortes Programm. In den leider nur 13 ausgestrahlten Teilen ging es unter anderem um einen Raumschiffkapitän, der seit einhundert Jahren mit seinen Passagieren durch das All reist *(The Sense of Wonder),* notgelandete UFOs *(Mewhu's Jet)* oder einen Mann, der seit tausenden von Jahren lebt und von einem vorbeifahrenden Raumschiff von einem einsamen Planeten gerettet wird, nachdem er dort vor Äonen gestrandet war *(The Castaway).* Wie ihr Vorgänger wartete auch *Out There* mit einer technologischen Novität auf, indem man die Live-Action-Elemente mit zuvor erstellten und gefilmten Special-Effects aufpeppte. Damit war man bei CBS sogar noch früher dran als DuMont mit ihrem legendären Dauerbrenner *Captain Video and the Video Rangers,* die erst seit 1952 auf die beiden Tricktechniker Russel und Haberstroh zurückgriff.

Am 13. Januar 1952 waren die Reisen ins All für das geneigte Publikum allerdings schon wieder beendet. Den leeren Raum füllte alsbald Konkurrent ABC mit *Tales of Tomorrow* aus, die zwischen dem 3. August 1951 und dem 12. Juni 1953 in zwei Staffeln insgesamt 85-mal über den Äther flimmerte. Wie bei *Lights Out* handelte es sich hier ebenfalls um das Spin-off einer Radioshow, die es allerdings lediglich auf 15 Adaptionen von Geschichten gebracht hatte, die zuvor im Galaxy Magazine abgedruckt worden waren. Die Idee, das Radioprogramm als Live-Action ins Fernsehen zu bringen, stammte nebenbei erwähnt von niemand Geringerem als der Autorenikone Theodore Sturgeon, der auch selbst zwei der insgesamt 85 verfilmten Drehbücher verfasste. Gemeinsam mit Produzent Mort Abraham, der zuvor an zwei Folgen des Space-Opera-Klassikers *Tom Corbett, Space Cadet* sowie der langlebigen Crimeshow *Treasure Men in Action* gearbeitet hatte, verlegte man sich auf eine gute Mischung aus Mystery und Science-Fiction. Neben Sturgeon schrieben übrigens auch Arthur C. Clarke, Ray Bradbury und John W. Campbell Jr. *(Das Ding aus einer anderen Welt)* einige Geschichten. Hinzu gesellten sich, wie in jenen Tagen nicht unüblich, Neuinterpretationen diverser Klassiker, unter anderem von Oscar Wilde, Mary Shelley und H.G. Wells.

Mit *Science Fiction Theatre* startete im April 1955 schließlich die erste, zumindest teilweise in Farbe gedrehte Anthologieserie. Gehostet wurde die Show von Truman Bradley, der als Schauspieler und Sprecher in Filmen wie *Lone Star Ranger* und *Macao* einige Bekanntheit erlangt hatte.

Jede Folge startete mit einer Einleitung wie dieser:

»How do you do, ladies and gentlemen?
I'm your host, Truman Bradley.
Here we are ... and this is the theme of the story we are about to bring to you.
An tremendously exciting story.
I tell you now that the story is fiction.
It did not happen.
But the big question is: could it have happened?
All of our stories may be hard to believe.
There are everyday things all around us that are equally hard to believe ...«

Im Deutschen klänge das etwa so:

»Wie geht es Ihnen, meine Damen und Herren?
Ich bin Ihr Gastgeber, Truman Bradley.
Hier sind wir also ... und das ist das Thema der folgenden Geschichte: eine extrem aufregende Geschichte.
Sie ist reine Fiktion, keine Realität.
Aber die große Frage ist: Könnte sie geschehen?
Alle unsere Geschichten sind schwer zu glauben.
Es gibt im täglichen Leben zahlreiche Geschehnisse, mit denen es sich ähnlich verhält ...«

Der Kniff sorgte für ein angenehmes Spannungsmoment und reichlich Vorfreude bei der Fangemeinde. In den insgesamt 78 Folgen ging es unter anderem um Telepathie, Zeitreisen, Raumfahrt, Roboter, Atomkraft, Außerirdische, die Erweiterung des Intellektes bei Mensch und Tier, Übertragung von Gedankenmustern auf Computer und die Steuerung von Maschinen mittels Gedankenkraft. All das und mehr fand Eingang in die Einzelepisoden und wurde erzählerisch teilweise auf beeindruckend spannende Weise aufbereitet. Ein außergewöhnlich frischer Ansatz war dabei, dass die Produzenten versuchten, sich möglichst dem seinerzeit aktuellen Stand der Wissenschaft anzupassen, um den einzelnen Geschichten zumindest einen gewissen Realitätsanstrich zu verleihen. Als Gaststars traten so bekannte Namen wie Marshall Thompson *(Daktari),* John Mitchum, seines Zeichens der Bruder von Robert Mitchum *(El Dorado),* DeForest Kelley, Vincent Price oder Basil Rathbone ins Rampenlicht. Ein interessantes Funfact ist last but not least, dass Marty McFlys Vater in *Back to the Future* genau diese Serie als seine Lieblingsshow bezeichnet, kurz nachdem er vom Baum gefallen ist, von dem aus er Martys Mutter heimlich mit einem Fernglas beobachtete.

ONE STEP BEYOND

Mit dem 20. Januar 1959 hob schließlich ein Mann das Mysterygenre auf ein neues Level, der heute fast vergessen ist, in seiner Zeit aber ein recht bekannter TV-Star war. Es darf an dieser Stelle nicht unerwähnt bleiben, dass das Fernsehen in jenen Tagen nicht annähernd den Stellenwert hatte, dem wir dem Medium heute beimessen. John Kenneth schreibt dazu in seinem Buch *An Analytical Guide to Television's One Step Beyond*: »Damals brachte man dem Fernsehen nicht dieselbe Art von Respekt entgegen wie dem Film. Viele Kritiker und Insider betrachteten TV-Produktionen vielmehr als die ›arme Cousine‹ des Films.« Obwohl Serien, wie anhand der vorliegenden Einführung zu sehen ist, spätestens seit den End-40er-Jahren also eindeutig auf dem Vormarsch waren, blieben sie doch lange Zeit ein so ungeliebtes Stiefkind der Branche, dass zahlreiche Kinostars aus Angst vor einem Reputationsverlust entsprechende Engagements für beliebte Serien ablehnten. Nicht so John Newland, der Mann hinter *One Step Beyond.* Der Schauspieler, Regisseur und Drehbuchautor war bis auf *Out There* in jeder der oben genannten Serien gleich mehrfach aufgetreten und bekam nun seine große Chance. Er vollbrachte nicht nur die außergewöhnliche Leistung, in jeder der 97 Episoden Regie zu führen, sondern trat auch als Host und Erzähler der besonderen Art auf. Als Clou hatten sich Serienerfinder Merwin Gerard und er etwas ganz Besonderes einfallen lassen. Zwar begann jede Geschichte ebenfalls mit einem von Newland gesprochenen Intro, doch dieses hier war aufgrund eines brisanten Hinweises anders:

»The amazing drama you're about to see is a matter of human record.
You may believe it or not, but the real people who lived this story – they believe it.
They know. They took that one step beyond.«

Auf Deutsch lauten diese Sätze etwa so:

»Die außergewöhnliche Geschichte, die Sie gleich sehen werden, basiert auf wahren Begebenheiten.
Sie mögen Sie glauben oder nicht, doch die Menschen, die sie erlebten, glauben daran.
Sie wissen: Sie gingen einen Schritt über das Unfassbare hinaus.«

Um weiter zu unterstreichen, dass die folgenden Geschehnisse ganz normalen Menschen widerfuhren, stand Newland während der Einführung oft in den Wohnzimmern der Protagonisten oder beobachtete sie bei irgendwelchen Alltäglichkeiten. Damit war der Anspruch, sich an wahren Begebenheiten zu orientieren, hoch gesetzt, wobei allerdings retrospektiv festgehalten werden muss, dass *One Step Beyond* diesen vor allem in den späteren Folgen nicht immer zu erfüllen vermochte. Doch gerade zu Beginn zeigte sich die Serie von ihrer besten Seite. Die zweite Folge etwa, *Night of April 14th* mit dem späteren *Mit Schirm, Charme und Melone*-Star Patrick Macnee in der Hauptrolle, drehte sich um den Untergang der Titanic. Die Story handelt von der frisch verheirateten Grace Farley (Barbara Lord), die mit ihrem Mann Eric die Flitterwochen auf jenem Unglücksschiff verbringen wird. Grace wird jedoch kurz vor ihrer Abreise von Albträumen über Eisberge, ertrinkende Menschen und das sinkende Schiff geplagt, während Eric dies als Übernervosität ab tut. Der Plot greift damit Berichte über Menschen auf, die seit dem Untergang des Luxusliners in der Nacht vom 14. auf den 15. April 1912 immer wieder von ähnlichen Visionen berichteten. Besonders pfiffig: Zu Beginn hält Newland einen Roman in der Hand, der sich hinterher als das von Morgan Robertson geschriebene Werk *Futility, or the Wreck of the Titan (Titan. Eine Liebesgeschichte auf hoher See)* entpuppt. Das Buch entstand 14 Jahre vor dem Titantic-Unglück und enthält unerklärlicherweise eine Reihe von Details, die dem späteren Untergang des Schiffs auffallend ähneln. Darunter befinden sich unter anderem die Tonnage, die Schiffslänge, die Tatsache, dass die Titan wie die Titanic einen Eisberg rammt, und natürlich der Schiffsname selbst.

Diese Art der mysteriösen Tonalität behielt *One Step Beyond* bis zur letzten Folge mit dem Titel *Eyewitness* über die drei Jahre ihrer Laufzeit hinweg aufrecht, wobei Geschichten wie die oben erwähnte *Night of April 14th* darüber hinaus mit für die damalige Zeit hervorragenden Spezialeffekten und Sets glänzten. Am 4. Juli 1961 führte uns der »guide into supernatural« schließlich in die Dunkelheit der Serienabsetzung. Doch ABC und Produzent Collier Young hatten in dieser Zeit neue Maßstäbe gesetzt, die mitentscheidend für den Erfolg eines Projektes waren, auf das wir in Band zwei näher eingehen werden und das eines der maßgeblichen Vorbilder für *The X-Files* werden sollte. Der Name des Serienerfinders und Produzenten lautete: Rod Serling.

EPISODENGUIDE

Staffel 1 (1993/1994)

AUSSTRAHLUNG USA

10. September 1993 bis 13. Mai 1994
Fox, freitags 21.00 Uhr

AUSSTRAHLUNG DEUTSCHLAND

5. September 1994 bis 3. März 1995
ProSieben

EPISODENZAHL

24

SHOWRUNNER

Chris Carter

AUTOREN

Chris Carter (9 Drehbuchbeteiligungen), Glen Morgan (6), James Wong (6), Alex Gansa (5), Howard Gordon (6), Larry Barber (1), Paul Barber (1), Chris Ruppenthal (1) sowie Scott Kaufer (1), Marilyn Osborn (1), Kenneth Biller (1), Chris Brancato (1) als Freelancer

REGISSEURE

David Nutter (6 Einsätze), Daniel Sackheim (2), Jerrold Freedman (2), William Graham (2), Michael Lange (2), Joe Napolitano (2), Larry Shaw (2), Rob Bowman (1), Fred Gerber (1), R. W. Goodwin (1), Michael Katleman (1), Harry Longstreet (1), Robert Mandel (1)

DARSTELLER

David Duchovny als Special Agent Fox Mulder, Gillian Anderson als Special Agent Dana Scully, Jerry Hardin als

Deep Throat/Die tiefe Stimme, Charles Cioffi als Scott Blevins, William B. Davis als Cigarette Smoking Man/Raucher, Mitch Pileggi als Walter Skinner, Bruce Harwood als John Fitzgerald Byers, Tom Braidwood als Melvin Frohike, Dean Haglund als Richard Langly, Sheila Larken als Margaret Scully und Doug Hutchison als Eugene Victor Tooms

AUSZEICHNUNGEN

Zwei Emmy-Nominierungen: Bruce Bryant, James Castle und Carol Johnsen gewannen den Preis für die Erstellung der Titelsequenz, Mark Show war für die Titelmusik nominiert, gewann aber nicht.

EINSCHALTQUOTEN

Akte X war für den ausstrahlenden Sender Fox ein Wagnis. Nicht allzu günstig zu produzieren, thematisch schwierig zu greifen und ohne große Stars hinter und vor der Kamera. Umso wichtiger wurde natürlich der Quotenerfolg im ersten Jahr. Zum Piloten am 10. September 1993 schalteten zwölf Millionen Zuschauer ein. Danach fielen – wie oft üblich – einige weg, die etwas anderes erwartet hatten, mit der Serie nicht direkt warm wurden oder aus anderen Gründen das Interesse verloren. Daher wurde auch mit der sechsten Episode ein erster Tiefpunkt von nur 8,8 Millionen Zusehenden erreicht. Nachdem sich die Zahlen in den folgenden drei Wochen erholten und bis auf 10,7 Millionen stiegen, sackte man Mitte November erneut auf 8,8 Millionen ab. Danach ging es jedoch sukzessive nach oben. Anfang Februar erreichte die Serie, die mittlerweile durch Mundpropaganda und deutlich bessere Presse getragen wurde, mit 12,1 Millionen einen neuen Bestwert. Im April wurden daraus sogar zunächst 12,5 Millionen, dann 13,4 Millionen und schließlich 13,7 Millionen. Die letzte Episode der Staffel erreichte schließlich am 13. Mai 1994 einen weiteren Höchstwert von glatt 14 Millionen Fans. Im Schnitt waren im ersten Jahr 11,21 Millionen Zuschauer dabei. Die Verlängerung der Serie war damit gesichert, wenngleich die wahre Beliebtheitsexplosion noch lange nicht erreicht war und diese Werte für die damalige Zeit sicher noch längst nicht so gut waren, wie man aus heutiger Sicht annehmen würde. Umso besser, dass Fox am Format festhielt.

BEWERTUNGEN

Die Rezensionen werden vom Autorenteam abwechselnd vorgenommen. Danach erhält der jeweils andere Autor des Buches immer die Chance für eine eigene, kurze Meinungsbekundung. Man könnte sagen, dass wir Autoren dadurch gewissermaßen ebenfalls zu einer Art Mulder und Scully wurden und uns auch mal die Köpfe heißdiskutierten.

Zur Bewertung der Episoden haben wir uns für kleine Bilder entschieden, die für die sechs Notenstufen (von 1 bis 6) stehen.

Für die Bestnote stehen unsere speziellen Freunde, die **Lone Gunmen**. Sie sind zwar oft euphorisch und übereifrig in ihrer Begeisterung, man darf ihnen dabei in diesem Buch aber gerne vertrauen. Wenn sie so breit grinsen, haben wir es wahrlich mit einem absoluten Höhepunkt zu tun!

Auch **Fox Mulder** ist leicht zu begeistern, weiß aber auch gute Qualität zu schätzen. Reckt er den Daumen nach oben, haben wir es also immer noch mit einer richtig guten Episode zu tun, bei der es nur nicht zum ultimativen Highlight reicht.

Die gute **Dana Scully** tritt meist skeptisch und vorsichtig auf. Daher ist sie bei uns für Episoden zuständig, die nicht wirklich schlecht, aber auch nicht so richtig toll sind. Nennen wir es gutes Mittelmaß mit zweifelndem Blick.

Schaut der **Raucher** auf die Uhr, muss man sich Sorgen machen. Episoden, in deren Dunstkreis er sich herumtreibt, strapazieren meist unsere Geduld und tänzeln am Abgrund. Der Raucher würde derartige Folgen sicher nicht im geheimen Pentagon-Lager für die Ewigkeit konservieren …

Skinner hat oft eine arg kurze Lunte. So kennt man Mulders und Scullys Boss. Zu Recht jedoch, wenn man bedenkt, um was für Fälle er sich bei uns im Buch kümmern muss. Seine Episoden entkommen nur knapp der filmgewordenen Katastrophe.

Ganz übel wird es aber, wenn sich ein **Alien** von den Sternen herabbegibt und den Daumen senkt. Das könnte schließlich nicht nur das Ende der Menschheit bedeuten, sondern auch den Gnadenschuss für die besprochene Episode. Zum Glück ist dieser Fall in diesem Buch jedoch nicht vorgekommen. Schade fürs Alien, gut für uns.

Und nun wünschen wir und unsere gezeichneten Helden viel Spaß dabei, die 24 Abenteuer des ersten Jahres von *Akte X* erneut zu erleben. Möge die Wahrheit gefunden werden!

1.01

PILOT (GEZEICHNET)

»Wenn uns die konventionelle Wissenschaft keine Antworten bietet, müssen wir uns am Ende dann nicht doch dem Fantastischen als Möglichkeit zuwenden?« Auf jeden Fall, zumindest, wenn man Mulder oder Scully heißt.

INHALT

Die FBI-Agentin Dana Scully erhält von ihrem Vorgesetzten den Auftrag, ihren Kollegen Fox Mulder auszuspionieren, der sich im Keller der Behörde mit den sogenannten X-Akten befasst, unerklärlichen Phänomenen, die nicht auf konventionelle Art aufgeklärt werden können. Scully zweifelt an Mulders obskuren Theorien, doch dann nimmt er sie mit nach Oregon, um die ungeklärten Morde an einer Gruppe High-School-Schüler aufzuklären, die allesamt merkwürdige Male am Rücken aufweisen.

UND SO BEGINNT ES ...

Was für ein Einstieg in eine Serie! *Pilot* hat alles, was es braucht, um den geneigten Mystery-Fan glücklich zu machen. David Duchovny spielt den X-Akten-Forscher so mitreißend, dass man quasi an seinen Lippen hängt, während man mit Gillian Anderson keine bessere Partnerin für ihn hätte finden können. Schon der Beginn, als Scully selbstbewusst durch das Großraumbüro des FBI schreitet und von ihrem Vorgesetzten aufgefordert wird, Mulder heimlich zu überwachen, lässt Spannung aufkommen. Was genau erwartet man von ihr, und wer ist der Raucher in der Ecke, der kein einziges Wort spricht, aber aufmerksam zuhört? Als sie Mulders Büro betritt, wird sofort klar, wie in der zukünftigen Show die Rollen verteilt sind. Das ikonische Poster mit einem gefälschten UFO und der Unterschrift »I want to believe« spricht diesbezüglich Bände. Mulder ist, obwohl er sich gerne als skeptisch bezeichnet, der Gläubige, der jedem noch so abstrusen Fall in der Hoffnung hinterherjagt, dass er eine Erklärung für sein Kindheitstrauma findet. Scully wird zum advocatus diaboli, zur Skeptikerin, die aber am Ende der Pilotfolge beinahe an ihrem Verstand zweifelt und von nun an gemeinsam mit ihrem Kollegen ermittelt.

KLISCHEE LÄSST GRÜSSEN

Die Geschichte, die erzählt wird, ist durchweg unterhaltsam geschrieben und wäre auch ohne die zahlreichen Anspielungen auf UFO-Sichtungen der sogenannten vierten Art sehenswert gewesen. Wenn aber schon im Anflug auf das kleine Nest Bellefleur in Oregon das Flugzeug wild hin und her schwankt oder auf dem Weg in die Stadt das Autoradio verrückt spielt, fühlt man sich als Fan von diversen Verschwörungstheorien rund um das Thema Alienbesuche pudelwohl. Chris Carter bemüht ziemlich jedes Klischee, um den Suspense-Faktor zu steigern: Implantate in der Nase, deren Herkunft und Herstellungsart sich nicht feststellen lassen, ein mysteriöses Licht, das mitten auf der Straße über dem Wagen erstrahlt, Zeitphänomene und so weiter. All das sagt uns, dass es hier ein Rätsel zu lösen gibt, von dem wir aber irgendwie erwarten, dass es sich ganz banal und irdisch aufklären wird.

BILDERBUCH-ENDE

Tatsächlich geschieht aber genau das Gegenteil. Trotz aller Steine, die ihnen der dubiose Detective Miles (großartig gespielt von Leon Russom) in den Weg legt, kommen die beiden smarten FBI-Agents der Aufklärung des Falls immer näher. Der eigentlich im Wachkoma liegende Sohn des Dorfpolizisten entführt seine ehemaligen Klassenkameraden. Dass er mittels des Implantats in seiner Nase von einer fremden Macht quasi ferngesteuert wird und die Jugendlichen als Testobjekte dienen, war bereits klar. Besonders pfiffig ist jedoch, dass das Finale zwar impliziert, es handle sich bei den Entführern um Aliens, die Antwort dann aber doch dem Publikum überlassen wird. Das ist toll geschrieben und macht Lust auf mehr. Zu guter Letzt muss Scully, die Mulder nun mit anderen Augen sieht, noch ihrem Boss Section Chief Scott Blevins (routiniert: Charles Cioffi) erklären, was genau sie erlebt hat. Und obwohl das Labor mit einem 1,56 Meter großen Wesen, dessen genaue Herkunft ebenfalls im Dunkeln bleibt, mitsamt allen Daten von Detective Miles zerstört wurden, hat sie doch noch einen Trumpf in der Hinterhand. Eines der Implantate befindet sich in ihrem Besitz, und sie überreicht es dem sichtlich angefassten Blevins. Die letzte Szene gehört dem Raucher (William B. Davis), von dem wir im Verlauf der Show noch oft hören werden. Das schürt Erwartungen, klasse.

WISSENSWERTES

- Das ikonische *I want to believe*-Poster designte Chris Carter extra für die Serie. Das zu sehende UFO ist einem seit vielen Jahren als Fälschung entlarvten Foto entnommen.
- Der Hypnotherapeut Dr. Heitz Werber (Jim Jansen), der am Ende der Episode Billy interviewt, ist derselbe, der auch eine Rückführung mit Mulder durchführte, um die Erinnerungen an die Entführung seiner Schwester Samantha wiederzuerwecken.
- Einige der in der Folge dargestellten Phänomene, wie das verrückt spielende Autoradio oder unerklärliche Zeitverluste, werden bereits in dem angeblichen Entführungsfall von Betty und Barney Hill geschildert, der sich zwischen dem 19. und 20. September 1961 ereignet haben soll.
- Um den Cigarette-Smoking-Man bei seinem ersten Auftritt tatsächlich rauchend zeigen zu können, war eine spezielle Erlaubnis nötig, da die Szene in einem öffentlichen Gebäude gedreht wurde.
- Die Entertainment Weekly-Ausgabe zum 25. Jubiläum der Serie führt die Episode als Nummer Eins der besten fünf der Staffel auf.

- Man beachte, wie aus der Zeit gefallen die Flugzeugdurchsage »Bitte stellen Sie das Rauchen ein« heute für uns klingt. Absolut unvorstellbar, in einer vollgequalmten Flugzeugkabine zu sitzen, oder?

FAZIT

Pilot tut genau das, was eine Debütepisode tun soll. Sie führt die Hauptfiguren ein, etabliert die Serienmythologie und erzählt eine packende Geschichte. Dass das Thema der Show mit nur einem einzigen Blick auf ein simples Poster wie ein Eimer kaltes Wasser auf einen Langschläfer wirkt, ist einer der großen Momente der TV-Geschichte und bis heute Kult. »Spooky« Mulder ist ein Suchender, rastlos, ein wenig abgedreht und doch hochintelligent. Dana Scully schreibt Carter indes genau die richtige Mischung aus begründetem Zweifel, professioneller Zähigkeit und Verletzlichkeit auf den Leib. So betreibt man Character-Building erster Klasse. Wenn dann noch ein Score vom Feinsten dazu kommt, geht es nicht besser.

DER KOLLEGE SAGT ...

Wow! Wenn man 30 Jahre nach Erstausstrahlung einen Pilotfilm anschaut und sofort wieder von den geschliffenen Dialogen, den sympathischen Hauptfiguren, dem spannend-mysteriösen Alienplot und der atmosphärischen Musik des Mark Snow in den Bann gezogen wird, dann muss man auch mit großem Abstand konstatieren: Chris Carter hat damals alles richtig gemacht. Der Raucher, die große Verschwörung in Regierungskreisen, Samanthas Verschwinden, der Keller, das Poster (»I want to believe«): Es ist alles da. Was aber vor allem besticht, ist die Chemie zwischen Duchovny und Anderson, die keine Anlaufzeit brauchen, um ihre

Figuren zum Leben zu erwecken. Sie ziehen uns sofort in ihre Mitte, nehmen uns mit in das erste von vielen kleinen Kaffs, in dem Unerklärliches passiert.

Kennt man bereits das große Ganze der Serie, fällt hier erst richtig auf, warum die Serie damals so eingeschlagen ist. Die Dynamik zwischen Mulder und Scully und vor allem die Konzeption der von Gillian Anderson verkörperten Ärztin sind die ersten wahren Geniestreiche von Chris Carter gewesen. Dank Scully spielt es keine Rolle, wie verrückt die Umstände werden, wie abgedreht Mulders Theorien sich anhören. Sie ist es, die alles erdet, die uns aus der Seele spricht, wenn wir »halt, stop!« rufen wollen, weil das, was sich Duchovnys Alter Ego zusammenspinnt, unser Hirn zum schmelzen bringt. Scully verankert die Serie vom ersten Moment an in der Realität. Blicken wir in ihr zweifelndes Gesicht, wissen wir: Ja, das, was Fox da sagt, ist vermutlich Quatsch, fragen uns aus diesem Safe-Space aber auch sofort: Könnte es nicht vielleicht doch sein …? Dafür sorgt ihr Gegenüber, der genaugenommen unsere andere, anarchische Hälfte symbolisiert – er ist der Kerl, der im Keller (bei seinen Eltern, beim FBI – spielt keine Rolle) wohnt, coole Poster und Gadgets herumliegen hat und wilde Theorien entwickelt, die – sollten sie wahr sein – einfach nur cool wären! Mulder nimmt uns an die Hand und lässt unsere Fantasie rotieren, während Scully die andere Hand packt und die Erwartungen dämpft. Was für eine perfekte Symbiose, die direkt hier in der ersten Episode aufgebaut und ausgespielt wird.

Was jedoch auch auffällt: Die Pilotepisode ist – so gut sie auch heute noch ist – genaugenommen ein überlanger Werbeclip für die Serie. Chris Carter hat damals einfach alles hineingeworfen, was er finden konnte. Der Kollege Prahl hat das in seiner Rezension bereits angesprochen. Dadurch sehen und erleben wir für die ersten 45 Minuten fast zu viel – schließlich begeben wir uns hier erst auf die Suche nach der Wahrheit. Zwar bleibt das meiste nebulös und überlässt die Interpretation unserer Fantasie, dennoch ist es gut, dass Carter und seine Crew nach diesem Auftakt (und einer ikonischen Szene in der nächsten Episode) ein paar Gänge herunterschalteten und uns danach eher langsam in diese Welt des Unerklärlichen einführten.

Pilot erfüllt genau genommen gleich mehrere Zwecke: Die Folge zeigt den Zuschauern, was für ein wildes Spektakel aus Paranoia, Neugierde und Wahnsinn sie erwartet, beweist den Studiobossen, wozu das Format in der Lage ist, und gibt potenziellen Werbekunden zudem eine veritable Entscheidungsgrundlage an die Hand, mutig in die Serie zu investieren. In allen drei Belangen waren Chris Carter und seine Leute damals erfolgreich.

Ein grandioser Start in eine großartige Serie, auch dreißig Jahre später.

1.02

DEEP THROAT
(DIE WARNUNG)

Da schmunzelt die Dana. An der Seite von Mulder, der begeistert wie ein Kind vermeintlichen UFOs nachjagt, erlebt die arme Agentin einen letztlich unbefriedigenden Tag mit verrückten Kleinstädtern.

INHALT

Ein neuer Fall führt Mulder und Scully auf die Ellens Air Force Base. Vier Monate zuvor legte ein Testpilot plötzlich sonderbares Verhalten an den Tag und wurde vom Militär festgenommen. Seitdem verweigert man jegliche Informationen über ihn, auch gegenüber seiner Familie. Im Verlauf der Ermittlungen kommen Mulder und Scully geheimen Flugprojekten auf die Spur, und ein geheimnisvoller Informant tritt auf den Plan.

NEUE PLAYER

Die meisten Fans erinnern sich an diese Episode vermutlich aus zwei Gründen: Jerry Hardin erhält einerseits seinen ersten Auftritt als Informant Deep Throat (im Deutschen später: Die tiefe Stimme), andererseits steht Mulder gegen Ende auf dem Rollfeld der Airbase direkt unter einem UFO, das nebenbei bemerkt auch heute noch mächtig Eindruck macht. Und natürlich muss man zu diesem Zeitpunkt im Kopf behalten, dass es sich dabei durchaus »nur« um ein experimentelles Fluggerät des Militärs ohne Alien-Technologie handeln könnte. Die Implikationen sind jedoch andere. Wie Mulder ausführt, geht er von einem in den 40er-Jahren in Roswell abgestürzten Raumschiff aus, dessen Teile zur Untersuchung und Entwicklung auf sechs Standorte – eben unter anderem diesen – verteilt wurden.

Mit der Episode wurde nach dem Raucher in der Pilotfolge direkt eine weitere wichtige Nebenfigur etabliert. Was Mulders Erfahrung mit dem UFO angeht, an die er sich später leider nicht mehr erinnern kann, wirkt die Sache aus heutiger Sicht fast ein wenig verschenkt. Man wollte, wie bereits in der Pilotepisode, den Zuschauern offenbar direkt zum Start der Serie etwas bieten und klarmachen, dass hier keine halben Sachen zu erwarten sind. Dadurch verschoss man jedoch unnötig viel Pulver. Einen Moment wie diesen hätte man problemlos auch als Staffelfinale verwenden können, anstatt ihn per Mulder-Amnesie nur für das Publikum einzufügen, weil Mulder hier natürlich längst noch nicht so viel Klarheit erhalten darf.

SPRITZTOUR

Die Folge darauf zu reduzieren, wäre aber ebenso falsch. Es handelt sich hier auch um den ersten Ausflug unseres dynamischen Duos in ein Kaff irgendwo im Nirgendwo von Idaho. Ein wiederkehrendes Muster, das immer den spannenden Nährboden für abgedrehte Geschichten liefern sollte. Dazu gehören Jugendliche, die Gefahr und schnellen Spaß suchen, ebenso wie eine herrlich abgerockte Kneipe samt Wirtin, die UFO-Bilder unter dem Tresen verkauft. Zu den Teens gehört Seth Green, der hier – wie auch später bei vielen anderen Gelegenheiten *(Buffy – Im Bann der Dämonen)* wundervoll kauzig spielt. Witzig ist auch, wie sehr diese Episode von den

90er-Jahren geprägt ist. Da gibt es fetzige Synthie-Klänge (die fast noch nach den seligen 80ern klingen) auf die Ohren, Scully forscht auf Mikrofilm, die Telefonleitungen sind nicht immer frei (was der heutigen Jugend einige Fragezeichen ins Gesicht malen dürfte), und eine ganze Horde Geschäftsleute nimmt zu Beginn genüsslich einen Drink um die Mittagszeit ein. Auf der Orville wäre man auf solch ein Verhalten stolz: Vormittagsdrink! Jaja, die heile Welt der Vergangenheit.

HAUPTPLOT

Ist man ehrlich, rückt der Grund für den Besuch völlig in den Hintergrund, was auch daran liegt, dass die Sache rund um Colonel Budahas und seine Kollegen keine Auflösung erfährt. Offenbar werden Piloten für neue Fluggeräte eingesetzt, verlieren den Verstand, erhalten eine Gehirnwäsche und sind nie mehr die gleichen. Böse, böse Regierungsbedienstete im Hintergrund? Mehr wollte man an dieser Stelle nicht aussagen. Es reichte, Paranoia entstehen zu lassen.

Dazu passt auch, dass Mulder abgehört wird, sowie das erste Auftauchen von Deep Throat, dessen Vorgehensweise allerdings rätselhaft bleibt. Er empfiehlt Mulder, nicht aufzubrechen. Er soll den Fall ruhen lassen. Dieser macht natürlich das Gegenteil, was seinem Informanten aber später auch egal zu sein scheint. Vielleicht wollte er ihn nur testen? Deep Throat bleibt daher zu diesem frühen Zeitpunkt noch vollkommen im Dunkeln. Entgegen dieser Einschätzung steht jedoch sein krasser letzter Satz, dass »sie« (also vermutlich Aliens) schon lange auf der Erde sind, der zweite Hammer der Folge. Bemerkenswert: Jerry Hardin spielt die Rolle aus dem Stand toll.

WISSENSWERTES

- Eine herrliche Figur stellt Michael Bryan French dar. Sein Paul Mössinger taucht auf, und es besteht kein Zweifel daran, dass er ein miefiger Dorfreporter ist. Dass es anders kommt, stellt eine willkommene Überraschung dar.

- Carter fügte das in der Episode zu hörende Voiceover von Scully erst nachträglich als Kompromiss hinzu, weil die Verantwortlichen bei Fox Broadcasting sich einen runderen Abschluss der Episode wünschten.
- Die Episode wurde an nicht weniger als zwölf Locations gedreht, die sich vom Stadtkern Vancouvers über die Lower Mainlands erstreckten.
- Laut Chris Carter diente unter anderem der Oliver-Stone Film *JFK* als Inspiration für die Episode. Carter erzählt über Deep Throat: »Ich hatte das Gefühl, dass wir eine Verbindung benötigten: jemanden, der dieser mysteriösen Schattenregierung angehört und für eine Abteilung arbeitet, von deren Existenz niemand etwas ahnt. Diese Person kommt zu Mulder und Scully. Er leitet sie vorsichtig und selektiv an und veranlasst sie, nach Antworten zu suchen, ohne zu viel zu verraten. Aber dennoch hilft er ihnen, wenn sie in eine Sackgasse geraten oder einen falschen Zug machen.« (Confidential, S. 37, Übers. d. Autors)

FAZIT

Genaugenommen versuchte man mit der zweiten Episode noch einmal das gleiche wie mit der ersten, nur mit anderen Themen und Mitteln. Wer also zuvor nicht eingeschaltet hatte, war nun spätestens im Bild. Das gelang qualitativ nicht so gut wie beim ersten Versuch, aber dennoch unterhaltsam. Das Geplänkel zwischen Mulder und Scully macht Spaß, Scullys amüsiertes Dauergrinsen ist ganz wunderbar, und die Paranoiaschraube wird bereits mächtig angezogen. Mehr kann man zu diesem frühen Zeitpunkt nicht erwarten (außer, man heißt Dana Scully).

DER KOLLEGE SAGT ...

Ein wenig Roswell-Mysterium gepaart mit einem Schuss *Men in Black*, Area 51 und belgischer UFO-Welle ergibt eine nette Geschichte, die im Mittelteil zwar ein paar Längen nicht verleugnen kann, insgesamt aber doch gut unterhält. Schade ist, dass die Folge die Frage, was genau Col. Budahas widerfahren ist, am Ende nicht wirklich beantwortet. Es könnte allerdings auch gut sein, dass diese keine Antwort findet, weil sich Mulder schlicht nicht dafür interessiert. Der Auftritt von Jerry Hardin als Deep Throat kommt dafür aber wunderbar mysteriös daher. Einerseits sagt er Mulder genau das, was er hören will, andererseits schaffen seine Worte aber doch mehr als genug Spielraum für Spekulationen.

1.03

SQUEEZE

(DAS NEST)

Scully und Mulder jagen einen Lebern fressenden, mutierten Gummimenschen und erleben dabei die erste gruselige Monster-of-the-Week-Geschichte der Serie. Das hat was.

INHALT

Der grausame Mord an einem unschuldigen Geschäftsmann ruft Scullys ehemaligen Akademie-Kommilitonen Tom Colton auf den Plan. Als er Dana vorübergehend in sein Team beruft und Fox sich in den Fall einmischt, kommt es zu Eifersüchteleien und Streitigkeiten. Doch bei aller Skepsis, die man Spooky Mulder entgegenbringt, behält dieser dennoch recht, denn der Verdächtige Victor Tooms verfügt über ganz besondere Fähigkeiten und ist über einhundert Jahre alt. Um seinen 30-jährigen Winterschlaf zu überstehen, benötigt der Mutant nur eines: fünf menschliche Lebern, die ihn am Leben erhalten.

DIE ERSTE

Da ist sie also, die erste Monster-der-Woche Folge in einer langen Reihe, die bei den *X-Files* zu sehen sind. Und die hat es sogleich in sich. Regisseur Harry Longstreet, der sich zuvor als Produzent der beliebten Jugendserie *Fame* und der Kult-Comedy *Full House* als Produzent hervorgetan hatte, legte hier seine erst sechste Regiearbeit hin und hatte offensichtlich eine Menge Spaß dabei, sich munter an altbekannten Horrorversatzstücken zu versuchen. Kratzende Geräusche, ein ausgeklügeltes Schatten- und Lichtspiel, rotglühende Augen, die ihr Opfer aus einem Gully beobachten, Nebelschwaden, eine perfekte musikalische Untermalung und der Stargast Doug Hutchison (grandios fies in *The Green Mile),* der nicht nur Scully das Fürchten lehrt, hinterlassen einen bleibenden Eindruck. Sicherlich, der Plot gehört vielleicht nicht zu den innovativsten der Serie, doch die Geschichte wird in einem angenehmen Tempo erzählt, ist herrlich stringent und hat den Vorzug, dass Tooms nicht per se böse ist. Was immer er auch ist, im Grunde will er nur überleben. Wenn es dafür nötig ist, fünf Menschen zu töten, so tut der skurrile Schlangenmann es eben. Damit verhält er sich nicht anders als beispielsweise ein Jäger, der sein Wild erlegt, um das Fleisch anschließend genüsslich im Topf schmoren zu sehen. Das mag ein wenig makaber sein, sorgt aber dafür, dass man als Zuschauender am Ball bleibt und mitfiebert.

NO MYTHOLOGY

Natürlich ist es schade, dass die Geschichte um den Raucher und Deep Throat erst einmal pausiert. Andererseits war von Anfang an klar, dass der Metaplot eben genau das sein würde und sich erst im Lauf der Serie langsam vor dem mitfiebernden Publikum entfalten sollte. In Anbetracht der Tatsache, dass die Episode ausführlich auf Fox Mulders schlechten Ruf eingeht, ist dies aber nicht weiter tragisch. Es ist interessant und aufwühlend zugleich, mitzuerleben, wie seine Kollegen immer wieder versuchen, ihn zu demütigen, ja, sogar zu erniedrigen. David Duchovny lässt all die dummen Witze und die Arroganz der anderen FBI-Agenten wie Wassertropfen an einer Gore-Tex-Jacke abperlen, was eine Menge über seinen Charakter aussagt. Um sich einen echten Believer nennen zu dürfen, muss man hart im Nehmen sein und darf sich von nichts und niemandem ablenken lassen. Es ist klasse, wie überzeugend der Mime diesen Charakterzug seines Alter Egos auf den Bildschirm bringt. Spannend ist auch die Entwicklung, die Dana durchmacht. Sie ist immer noch die Skeptikerin und versucht zunächst, die einfachste Erklärung in Erwägung zu ziehen. Doch ganz im Sinn der von Sherlock Holmes so kultisch praktizierten Deduktion muss auch sie zu dem Entschluss kommen, dass sie es hier letztlich mit einem Entarteten, einem Mutanten zu tun hat, den es eigentlich gar nicht geben dürfte. Dennoch versucht genau jene Gestalt soeben, ihr den Garaus zu machen. So funktioniert eine gute Figurenentwicklung. Damit sind nach nur drei Episoden nicht nur die Rollen endgültig verteilt: Chris Charter tut noch mehr. Wie er in einem Interview erzählt, das als Bonus auf der ersten Silberscheibe der Blu-ray-Komplettbox enthalten ist, ging es ihm bei der Entwicklung seiner Figuren darum, das traditionelle Rollenverständnis von Mann und Frau aufzubrechen. Auch wenn Mulder am Ende recht behält, so ist er dennoch naiv und glaubt, weil er glauben will, und nicht etwa, weil die Faktenlage keine anderen Schlüsse zuließe. Scully ist hingegen eine Wissenschaftlerin, die evidenzbasiert und empirisch arbeitet: Fragen stellen, erforschen, falsifizieren, um am Ende zu einem brauchbaren Ergebnis zu kommen. Das ist ihre Methodik, die im Verlauf der Serie noch sehr viel stärker in den Vordergrund treten wird.

ABWECHSLUNG IST TRUMPF

Abgesehen davon macht es schlicht und ergreifend Spaß, schon so früh mitzuerleben, wie vielfältig *The X-Files* eigentlich ist. Ging es zunächst um klassische UFO-Fälle, die auf bekannten Themen wie dem sogenannten Roswell-Absturz oder den Entführungserlebnissen von Betty und Barney Hill basieren, kam im zweiten Teil endlich der mysteriöse Archetypus eines Whistleblowers namens Deep Throat hinzu. Dessen Auftritt basiert, wie Carter selbst im oben erwähnten

Special bestätigte, auf dem gleichnamigen Informanten, der in der Watergate-Affäre Richard Nixon zu Fall gebracht hatte. *Squeeze* wiederum kann auf keinen solchen Background zurückgreifen, sondern soll einfach nur eine hübsch gruselige Geschichte erzählen, die die Fans überrascht.

WISSENSWERTES

- Das Phänomen der extremen Biegsamkeit, wie man sie etwa von Zirkusartisten kennt, trägt die Fachbezeichnung Kontorsion. Um die Fähigkeiten eines Schlangenmenschen ranken sich zahlreiche Mythen. So wurde etwa gemutmaßt, dass Kontorsionisten mehr Gelenke hätten als normale Menschen oder sich knochenlos in jede Richtung biegen können. Tatsächlich variiert der Grad der Beweglichkeit bei Menschen und kann von recht unbeweglich bis extrem beweglich reichen, was dann durch jahrelanges hartes Training perfektioniert wird.
- Die Episode wurde von Glen Morgan und James Wong mitgeschrieben, die 1995 die kurzlebige Kult-Military-Sci-Fi-Show *Space: Above and Beyond (Space 2063)* auf den Weg brachten.
- Die Inspiration zu der Episode beruht einerseits auf Jack the Ripper und andererseits auf einem langen Ventilatorschacht außerhalb des Büros der beiden Autoren. Glen Morgan fragte Wong eines Abends: »Was, wenn wir hier spät nachts arbeiteten, und plötzlich würde irgendjemand aus diesem Schacht kriechen?« (Official Guide, S. 107, Übers. d. Autors). Im *X-Files Confidential* berichtet Morgan indes, dass eine weitere Inspirationsquelle ein Artikel über den sogenannten »Night Stalker of LA« gewesen sei, den er Mitte der 80er-Jahre gelesen habe.
- Glen Morgan empfand die Episode als okay, war aber insgesamt von der Produktion enttäuscht, weil eine Reihe von Details in der fertigen Episode nicht funktionierten und daher neu gedreht werden mussten.
- Die Montage der Geschehnisse am Ende ist ein wenig hingebogen: Während Scully sich ein Bad einlässt, findet Mulder ihre Kette. Sie erkennt dann, dass sie nicht allein

ist; er stellt fest, dass Scully in Gefahr ist und kommt ihr kurz darauf zur Hilfe. Das Problem ist nur, dass Scullys Wohnung im Großraum Washington liegt und Mulder in Baltimore ermittelt. Sein Handlungsstrang muss also deutlich vorher passiert sein, wurde hier aber natürlich für die Doppel-Erkenntnis dramaturgisch gegengeschnitten.

FAZIT

Squeeze ist eine gut gemachte Mystery-Geschichte, gepaart mit Horrorelementen, die Spaß machen. Die Idee des aus Zeitungspapier und Spucke gebauten Kokons, in den sich der Mutant für 30 Jahre zurückzieht, ist wundervoll verrückt. Doug Hutchison hat einige richtig furchteinflößende Momente, und wir erfahren eine ganze Menge über das Standing von Fox Mulder und seine starke Persönlichkeit. Außerdem lässt Carter das Ende der Geschichte offen und nährt die Vermutung, dass dem Schlangenmenschen vielleicht doch die Flucht gelingt. Das wissende, selbstzufriedene Grinsen auf Tooms Gesicht ist jedenfalls ein Garant dafür, dass wir den Leberfresser wiedersehen.

DER KOLLEGE SAGT …

Ich kann dem Kollegen Prahl hier nur zustimmen. Bereits diese erste Monster-der-Woche-Folge punktet durch Atmosphäre und einen spannenden Ansatz, der über die gesamte Spielzeit trägt. Die Witze über Mulder waren vielleicht ein wenig überzeichnet; seine Kollegen kommen dadurch doch etwas pubertär daher. Dafür sind die Reaktionen unserer beiden Helden aber umso besser. Das gilt insbesondere für Mulders Ausführungen über die Retikulaner und ihr Faible für Leber. Der Mann verzieht einfach keine Miene! Etwas wundersam geriet aber das Ende: Man darf sich schon fragen, warum Tooms nicht einmal versucht, aus den Handschellen zu flutschen. Für ihn müsste das eigentlich ein Leichtes sein. Geschenkt. Bereits an dieser Stelle wird klar, dass *The X-Files* viel mehr als eine wilde UFO-Hatz wird.

1.04
CONDUIT
(SIGNALE)

»Wissen ist Macht, Glauben ist Kraft, mit beiden der Schwächste Wunder schafft.« Zugegeben: Die deutsche Schriftstellerin Ludovica Hesekiel kannte Mulder und Scully nicht, fasst ihre austauschbaren Stärken und die fast schon symbiotische Beziehung der beiden jedoch perfekt zusammen.

INHALT

Eine Frau, die als Kind angeblich selbst ein UFO gesehen hat, meldet nun das Verschwinden ihrer Teenager-Tochter. Mulder fühlt sich an seine eigene Schwester erinnert und möchte der Frau helfen. Allerdings scheint auch mit dem jüngeren Bruder der Verschwundenen etwas nicht zu stimmen …

UND EWIG LOCKT DAS UFO

Es gibt viele mögliche Erklärungen dafür, warum man die Existenz von Außerirdischen als denkbar erachten könnte. Hatte die Serie uns in den bisherigen Episoden vornehmlich den Ansatz der Neugierde vorgeführt, geht man hier einen anderen Weg. Mit *Conduit* versuchten die Macher vielmehr der emotionalen Seite des Glaubens auf die Spur zu kommen.

Zwar hatten wir bereits von Mulders Schwester Samantha gehört; hier nun wird die Geschichte jedoch unterfüttert und lässt ein schwerwiegendes Kindheitstrauma vor unseren Augen entstehen, das die Figur des versponnenen Alien-Jägers abrundet und – mehr noch – in eine ganz andere Richtung führt.

Um den Fall in Gang zu bringen, werden dazu zunächst die üblichen Versatzstücke bemüht: bekannter Treffpunkt von UFO-Jüngern, ein angeblicher Wetterballon (der aber nirgendwo in der Nähe gestartet ist) und unscharfe Schnappschüsse von selbst ernannten Augenzeugen. Wir schließen uns zu Beginn daher auch nur zu gern Scully an, die ihren Kollegen zwar auf dem Trip begleitet, aber nur mäßig überzeugt wirkt.

IOWA

Spannend sind am Zielort die Zwischentöne. Man beachte, wie Mulder die Familienbilder studiert (und dabei seinerseits interessiert von Scully beäugt wird, die hier offenbar eine ganz neue Nuance an ihrem immer noch frischen Neu-Partner erkennt). So scheint Fox sich in dem kleinen Jungen wiederzuerkennen, der nicht nur wie in *Poltergeist* Code im Rauschen des Fernsehers erkennt, sondern offenbar auch unter dem Verlust seiner Schwester leidet.

Was in so einer Geschichte jedoch nicht fehlen darf, sind fiese (andere) Regierungsbeamte, in diesem Fall von der NSA, die in den Einsen und Nullen aus dem Fernseher eine Gefährdung der nationalen Sicherheit sehen. Damit sind wir natürlich schnell wieder bei der Übergriffigkeit des Sicherheitsapparats, der eine Familie aus letztlich abstrusen Gründen in Angst und Schrecken versetzt und Mulder und Scully – wie sollte es auch anders sein – bei der Suche nach der Wahrheit behindert. Allerdings spielt dieser Aspekt am Ende keine große Rolle.

Interessant ist schon eher, dass man bei Mulders Äußerungen nie so genau weiß, über wen er eigentlich redet. Vornehmlich geht es ihm um die verschwundene Ruby, wenn er Scully gegenüber äußert, sie könne mitkommen oder es lassen. Er aber würde nicht aufgeben, solange ihre Leiche nicht gefunden wurde. Das klingt fast schon nach einer Einladung, ihn auf eine längere Suche zu begleiten, nämlich auf die Suche nach Samantha. Und wirklich scheinen sich beide Fälle für den smarten Agenten auf eine für ihn unbekannte Weise zu verbinden. Seine emotionale Involvierung ist viel höher, als er zugeben würde. Scully erkennt das und lässt ihn gewähren, obwohl sie mehr als einmal der Meinung ist, der Fall sei für sie gelöst und Sache der örtlichen Polizei.

Wirkliche Beweise gibt es am Ende wie gehabt natürlich nicht. Die Werte von Ruby könnten zwar auf längere Schwerelosigkeit hindeuten, eine banalere Erklärung wäre aber freilich ebenso denkbar. Es ist, in Abwesenheit von Fakten, weiterhin eine Frage des Glaubens. Interessant ist zu sehen, wie Mulder unter den vorgeschobenen Begründungen von Rubys Mutter leidet, weil sie die Wahrheitssuche unmöglich machen, Scully aber offenbar versteht, was hier vor sich geht. Die Angst vor der Wahrheit ist manchmal zu groß und das Risiko, alles zu sagen, vielleicht einfach nicht ausreichend kalkulierbar. Für den Moment müssen wir uns damit begnügen, wie Scully die Motivation Mulders erfahren zu haben. Für das neuerliche Zusammenrücken hat sich der Trip schon gelohnt.

HESEKIEL

Kommen wir zum Schluss noch einmal zurück zum einleitenden Zitat. Im ersten Moment erscheint klar, wer hier wofür steht. Schließlich ist Fox Mulder der Typ mit dem *I want to believe*-Poster an der Wand, und Scully, als Ärztin und rational denkender Gegenpart, steht für pures Faktenwissen. Dennoch ist es nicht so einfach. Dreht man den Spieß um, ist Mulder derjenige, der jeden Schnipsel an Informationen sammelt, somit eine Bastion des Wissens gegen »die da oben« aufbaut und Beweise anhäuft, um seine Überzeugung zu beweisen. Dem gegenüber steht seine Kollegin, die ein Kreuz um den Hals trägt und ganz offensichtlich an etwas glaubt, das rational ebenfalls nicht so einfach zu erklären ist – wenngleich es sich dabei nicht um kleine grüne Männchen handelt. Interessant ist in diesem Zusammenhang dann wieder, dass Scully am Ende Mulders Hypnose-Aufzeichnungen studiert (und somit Fakten sammelt), während er in einer Kirche (!) sitzt.

Die beiden stehen also genau genommen beide für beides – und setzen ihre Stärken je nach Situation für das gemeinsame Ziel ein. Ein explosiver Mix. Wie in Hesekiels Zitat stehen sie damit den Stärkeren, Mächtigeren gegenüber, sind aber durch die Vereinigung von Glauben und Wissen gemeinsam in der Lage, Wunder zu vollbringen, oder besser: erkennbar zu machen.

Conduit ist die erste Episode, die Mulder und Scully emotional näher zusammenbringt, einerseits, weil sie eine große Traurigkeit und Leere sowie den wahren Antrieb hinter seinem Tun erkennt, andererseits, weil er lernt, dass er ihr vertrauen kann und sich nicht verstellen muss. Ein wichtiger Schritt für unser dynamisches Duo!

WISSENSWERTES

- Das *I want to believe*-Poster erhält einen noch tragischeren Hintergrund: Exakt diesen Satz spricht Mulder gegenüber seinem Arzt in den Hypnose-Bändern, als es darum geht, dass er an eine Rückkehr von Samantha glaubt.
- Jane Goldman erwähnt in ihrem Buch *Die wahren X-Akten – Das Buch der unerklärlichen Phänomene Band 1* ein Interview mit Howard Gordon, in dem er berichtet, die erklärte Absicht der Episode sei es gewesen, »das UFO-Phänomen einmal von einem emotionalen und psychologischeren Blickwinkel her zu beleuchten.«
- Die Auflösung der Geschichte und Scullys Erkenntnis, dass Mulder womöglich doch nicht verrückt ist, war für Chris Carter das Highlight der Episode. Im *The X-Files Confidential* berichtet der Serienerfinder, dies habe geholfen, den Blickwinkel der Serie festzulegen: »Ich denke, die Episode war sehr prägend in der Art, wie wir

diese Geschichten erzählen und die Figuren einsetzen wollten.« (S. 43, Übers. d. Autors).

- Mulders Hypnose in der Episode ist nicht unbedingt ein adäquates Mittel zur Wahrheitsfindung. Untersuchungen, unter anderem an der MC-Master University Ontario, belegen, dass sich abhängig von entsprechenden Suggestionen durch den Hypnotiseur psychische Effekte wie Gedächtnisverlust, falsche Erinnerungen und Halluzinationen erzeugen lassen.
- Der Darsteller des jungen Kevin Joel Palmer war nach seinem Auftritt in *The X-Files* noch in drei weiteren Genre-Produktionen zu sehen: in *The Outer Limits* in drei Folgen *(Under the Bed, Criminal Natur, Small Friends),* in der Horrorserie *Poltergeist* in zwei *(Sins of the Father, Still Waters)* sowie in einer Folge der Mystery-Show *First Wave (Shadowland).* Außerdem kehrte er in der zweiten *Akte X*-Staffel noch als besessener Junge zurück *(The Calusari/Heilige Asche).*
- Im englischen Original benutzt Mulder den Begriff »den mother« für die Betreuerin der Pfadfinderinnen. Allerdings heißen die im Mädchenbereich eher »troop leader« oder »scout leader«.
- Auf dem Band von Mulders Regressions-Hypnose sagt er, dass Samantha und er bereits im Bett lagen, als die Aliens kamen. Später in der Serie werden wir jedoch in einem Rückblick sehen, dass die beiden vielmehr noch ein Spiel spielten.
- Dr. (!) Scully benimmt sich sonderbar, als sie Ruby findet. Obwohl sie äußert, sie sei »am Leben, aber bewusstlos«, nimmt sie eine Herzdruckmassage vor, was bei einem lebendigen, bewusstlosen Menschen keinen Sinn ergibt. Und wenn schon, wäre zusätzliche Mund-zu-Mund-Beatmung nötig gewesen.
- Schade, dass die Frau mit dem Echsenkind (aus der Schundzeitung) nicht zum Thema wurde. Die Vermutung liegt schließlich nahe, dass die Dame möglicherweise die Transwarp-Grenze durchbrechen konnte. Vielleicht hat

sie ihren Sohn mit einem umgebauten DeLorean auf einen Testflug geschickt? Dann ist es doch kein Wunder, dass ihr Spross zur Echse wurde. Definitiv eine X-Akte! Weitere Informationen zum Thema liefert bei Bedarf die *Star Trek: Voyager*-Episode *Die Schwelle (Threshold)*.

FAZIT

Wenngleich die Serie hier bereits zum dritten Mal in nur vier Episoden die Themengebiete Außerirdische und UFOs beackert und damit Gefahr läuft, etwas einseitig zu agieren, gewinnt dieser Versuch doch durch den neuen und spannenden Blickwinkel, der uns eine sehr persönliche Seite von Fox Mulder präsentiert und zudem Scully die Chance gibt, Empathie walten zu lassen und ihre Zweifel für den Moment beiseite zu schieben.

DER KOLLEGE SAGT …

Conduit ist in mehrfacher Hinsicht eine starke Episode um altbekannte UFO-Mythen: Entführungen, physikalische Phänomene im näheren Umfeld eines tief fliegenden Objekts und das Empfangen von mysteriösen Botschaften durch Aliens. All dies schustert das Autorenduo Alex Gansa und Howard Gordon (nach einer Idee von Chris Carter) zu einer unterhaltsamen Geschichte zusammen, die durch das Einweben von Mulders traumatischen Kindheitserlebnissen um seine entführte Schwester an Substanz und Spannung gewinnt. Der starke Score und die routinierte Kameraführung tun ihr Übriges. Kurz und gut: *Conduit* ist informativ und verbreitet ein angenehmes Gänsehaut-Feeling.

1.05

THE JERSEY DEVIL
(DER JERSEY-TEUFEL)

Ein weiblicher Bigfoot treibt in New Jersey sein Unwesen und sorgt mit einer Mischung aus Suspense, philosophischem Feinsinn, aber auch einigen Fehlentscheidungen für die erste mittelmäßige Episode der Staffel.

INHALT

Seit 1947 kommt es in den Wäldern New Jerseys immer wieder zu Sichtungen von menschenähnlichen Wesen, die unvorsichtige Wanderer und Autofahrer töten und fressen sollen. Als Mulder von einem aktuellen Fall erfährt, reist er dorthin, um sich der Sache anzunehmen. Während seinen Ermittlungen kommt ihm Scully zu Hilfe. Gemeinsam findet das Ermittlerduo heraus, dass die zahlreichen Geschichten um Bigfoot und Co. nicht nur erfundene Ammenmärchen sind.

ROUTINIERT, ABER TRASHIG

Um es gleich vorwegzunehmen: *The Jersey Devil* ist keine durchgehend schlechte Episode. Der Suspense-Faktor ist hoch, die Musik von Mark Snow klingt herrlich mysteriös, und Autor Chris Carter liefert eine gut durchstrukturierte Arbeit mit einem hohen Spannungsbogen ab. Die Idee, einen evolutionären Missing Link als Monster der Woche zu etablieren und damit dem Klischee des Bösen zu entfliehen, kann sich grundsätzlich sehen lassen und sorgt für einige interessante Denkansätze, auf die wir gleich noch näher zu sprechen kommen. Ein paar kleine Horroranleihen und der altbekannte Kniff, das Wesen in seiner Gänze möglichst spät zu präsentieren, gehören natürlich auch ins Programm.

Damit kommen wir allerdings zur Crux der Geschichte, denn die Episode kann bei näherer Betrachtung einen gewissen Trashfaktor sowie das zu offensichtliche Abspulen von Klischees und Genre-Versatzstücken nicht verleugnen. Mit anderen Worten: Der Folge fehlt schlicht das Überraschungsmoment. Die Begegnung zwischen Mulder und der Kreatur in einer düsteren Fabrikhalle ist unvermeidlich, und das Ende der Geschichte steht aufgrund des Verhaltens des gut von Wayne Tippit gespielten fiesen Detective Thompson seit der ersten Szene fest, in der die Figur auftritt. Der nett gemeinte Twist am Ende, dass es sich um ein Paar handelte und die Waldmenschen ein Kind in den Gehölzen New Jerseys hinterlassen, greift aus diversen Gründen nicht. Erstens nimmt man der gutaussehenden Claire Stansfield die Rolle als Missing Link keine Sekunde lang ab; zweitens entpuppt sie sich letztlich als ganz normaler Mensch, und drittens wirkt die Finalszene, in der ein Vater mit seinem Sohn beinahe auf die Tochter der Kreaturen trifft, recht naiv inszeniert.

NOCH NÄHER HINGESCHAUT

Dennoch gibt es einige nette Details, die es am Ende wieder raushauen. Zum einen holt sich Mulder bei dem Anthropologen Dr. Diamond (Gregory Sierra) Rat, den man gerne noch öfter in der Serie gesehen hätte. Ein filmischer wissenschaftlicher Beistand hätte der einen oder anderen Monster-of-the-week-Episode sicherlich gut getan und die Glaubwürdigkeit erhöht. In diesem Fall funktioniert die Idee jedenfalls, weil Diamond zu Recht auf die weltweit verbreiteten Mythen und Sagen um Wald- und Schneemenschen verweist, die seit Jahrtausenden in vielen Kulturen zu finden sind.

Als stärkste Szene von *The Jersey Devil* erweist sich allerdings ein Dialog zwischen Mulder und Scully, während sie in besagter düsterer Lagerhalle auf Monsterjagd gehen:

> Mulder: »Acht Millionen Jahre Evolution. Ich glaube, wir haben uns nicht sehr verändert.«
>
> Scully: »Mulder, wir haben Menschen in den Weltraum geschickt. Wir bauen Computer, die schneller arbeiten als das menschliche Gehirn.«

Mulder: »Während wir die Welt überbevölkern und neue Technologien erschaffen, um uns gegenseitig umzubringen. Vielleicht sind wir nur Bestien mit großen Gehirnen.«

Dieser Dialog sagt nicht nur eine ganze Menge über Mulders Einstellung gegenüber unserer Spezies aus, sondern lädt zudem zu einem kleinen Diskurs ein. Der FBI-Agent behauptet, dass die Menschheit im Grunde genommen noch immer überwiegend triebhaft agiert. Allerdings stellt Scully daraufhin fest, dass wir uns existenzialistisch gesehen durch die Freiheit unseres Geistes, die uns altruistisch oder egoistisch handeln lassen kann, von den Tieren unterscheiden, die wir einst waren. Wenngleich Scullys Argumentation über menschliche Errungenschaften zunächst einleuchtend erscheint, ist Mulders Entgegnung, dass wir dieses Wissen letztlich selbstzerstörerisch anwenden, aber nicht von der Hand zu weisen. Nun kann und darf man sich fragen, ob die Ambivalenz, die uns mit gleicher Inbrunst Leben zerstören und erhalten lässt, das unabwendbare, naturgegebene Schicksal unserer Art ist. In Anbetracht der Tatsache, dass Detective Thompson aus reinem Egoismus handelt und den Mord an der Waldfrau anthropozentrisch zu rechtfertigen versucht, ist dies eine berechtige Frage.

WISSENSWERTES

- Chris Carter wollte in *The Jersey Devil* kein Monster an sich, sondern vielmehr eine Art evolutionären Missing Link zum Menschen zeigen. Im *X-Files Confidential* erzählt er: »Was, wenn die Evolution uns eine Mutation beschert hätte, die beinahe so etwas wie eine Art evolutionären Rückschritt nach sich ziehen würde?« (S. 44, Übers. d. Autors). Rückblickend betrachtet hat diese Aussage fast etwas Prophetisches. Im Jahr 2010 veröffentlichte ein Team um den schwedischen Paläogenetiker Svante Pääbo den ersten Abschnitt entschlüsselter Neandertaler-DNA. Heute gilt es als erwiesen, dass das menschliche Erbgut zwischen ein und zwei Prozent der Gene unseres Artverwandten beinhaltet.

- Das weibliche Bigfoot-Wesen wurde von der knapp 1,85 Meter großen Claire Stansfield gespielt, die die meiste Zeit während des Drehs mehr oder weniger nackt am Set herumlaufen musste.
- Chris Carter über den Subplot, in dem Scully einen Mann kennenlernt: »Der Sinn solcher Szenen war, dem Publikum einen Eindruck davon zu vermitteln, wie sie privat lebt. Ich wollte Scully für die Zuschauenden ein wenig öffnen.« (Official Guide, S. 110/111, Übers. d. Autors)
- Obwohl die Geschichte um Bigfoot eine nordamerikanische Legende ist, gibt es in vielen Teilen der Welt ähnliche Sagengestalten, so zum Beispiel im Kaukasus, im Himalaya und in China.
- Die Legende über den Jersey Devil existiert tatsächlich und lässt sich bis ins Jahr 1790 zurückverfolgen. Das Wesen wird allerdings eher als zweibeiniges Tier mit Hufen und lederartigen Flügeln beschrieben, ist daher nicht wirklich mit dem Bigfoot vergleichbar.
- Ob es ein Zufall sein kann, dass der Parkwächter (in dessen Park sich angeblich Ur-Menschen tummeln) Peter Boulle genannt wurde? Pierre Boulle ist schließlich der Autor von *Der Planet der Affen*.

FAZIT

Die Folge *The Jersey Devil* hat ihre starken Seiten, zeigt aber auch einige unübersehbare Schwächen, die die Folge trotz des guten Diskursansatzes ins untere Mittelfeld rücken. Schade ist, dass Chris Carter nicht den Mut hatte, dem Publikum tatsächlich den Bigfoot zu präsentieren oder vielleicht zumindest einen versteckt in den Wäldern lebenden menschlichen Vorfahren, beispielsweise eine Mischung aus Neandertaler und Homo sapiens zu zeigen, wenngleich es diese nach derzeitigem Kenntnisstand in Amerika nicht gab. Die Idee, das Monster der Woche schließlich als »wild« lebende Frau darzustellen, wird zwar am Ende mittels einer Obduktion untermauert, bleibt aber letzten Endes hinter den narrativen Möglichkeiten der Geschichte zurück. Das ist gerade noch okay, aber auch nicht weltbewegend.

DER KOLLEGE SAGT ...

Die Episode hat eindeutig (neben anderen) auch ein strukturelles Problem. In der ersten Hälfte baut sich die Spannung kompetent auf, und es wird eine wohlige Gruselatmosphäre erzeugt. Danach kippt alles jedoch in eine »Alle-jagen-die-nackte-Frau«-Hatz, die eher ermüdet und nicht überzeugen kann. Auch Mulders Luke-Skywalker-Gedächtnis-Satz (»Sie ist wunderschön«) verwundert. Vielleicht war der Schlag auf den Hinterkopf einfach zu stark.

In der Summe ist es, wie der Kollege bereits ausführte, auch schade, dass man sich hier um alles herumwindet. Die beiden Waldmenschen waren also eventuell Aussteiger oder psychiatrische Fälle? In jedem Fall aber normale Menschen. Und am Ende reckt ein süßes Kind seinen Kopf. Das hat die Serie in anderen Monster-der-Woche-Folgen viel besser hinbekommen als hier. Leider fällt bei all den handwerklichen Schwächen dann auch der eigentlich witzige Ansatz fast unter den Tisch: Im Wald von Atlantic City, den es dort übrigens in dieser Form gar nicht gibt, leben Menschen, die sich zurückentwickelt haben, während in Atlantic City die Spieler ebenfalls nicht die Krone der Schöpfung darstellen. Das könnte man durchaus als Repräsentation des Verfalls der westlichen Zivilisation ansehen, und es hätte eine ganz witzige Idee ergeben können, wurde aber leider nur angerissen.

Ein spannender Nebenaspekt der Geschichte ist aber noch, dass man hier versuchte, Scully auf fast schon soapige Weise (Kindergeburtstag, attraktiver, in Scheidung lebender Vater) ein Privatleben anzudichten, das sie von Mulders (behaupteter) vollkommener Fixierung auf die Arbeit abgrenzte. Das gelang jedoch nur leidlich, weil ihr Desinteresse an Mulders Ermittlungen zunächst überzeichnet wirkte, letztlich aus dem Nichts kam und auch wieder dorthin verschwand. Wir verstehen gar nicht, warum sie den Weg nicht weiterverfolgt, sondern stattdessen Mulder begleitet. Es wäre übrigens durchaus interessant gewesen, der Frage nachzugehen, was Mulder eigentlich wirklich in seiner Freizeit macht. Stille Wasser sind bekanntlich tief, und die Tatsache, dass er während der Arbeit (!) in einem Erotikmagazin *(Hankypanky)* blättert, könnte uns durchaus zu denken geben.

In der Summe ist *The Jersey Devil* eine lange atmosphärische, dann aber zu generische Monster-Folge, die nie weiß, was sie eigentlich will – und somit die erste schwächere Folge der Serie.

1.06

SHADOWS

(SCHATTEN)

Gestatten, ich bin der wilde Mix aus popkulturellen Phänomenen von Carrie *über* Poltergeist *bis* Ghost, *wurde mit dem Segen des Studios gezeugt und dank der liebevollen Hände meiner geistigen Eltern dennoch zu einem moderat schönen Schwan. Klingt wie ein Märchen? Ist aber zum Gruseln!*

INHALT

Ein mysteriöser Doppelmord beschäftigt die Agenten Mulder und Scully. Die Opfer sind offenbar ohne äußere Gewaltanwendung zu Tode gekommen, obwohl ihre Kehlen zerquetscht wurden – von innen! Die Ermittlungen führen zur Sekretärin Lauren Kyte, in deren Nähe zuletzt gehäuft psychokinetische Phänomene auftreten …

MANCHMAL SIND ES DIE BASICS

Zum Aufwärmen ist es spannend, sich Fragen nach dem Hintergrund der Folge zu stellen. Erinnern wir uns: Als *Shadows* konzipiert wurde, war *Akte X* noch lange nicht auf Sendung. Niemand wusste also, ob man hier an einem Rohrkrepierer oder einem potenziellen Hit arbeitete. Da Chris Carter und sein Team also nur ein bedingt gutes Blatt in der Hand hielten, mussten sie eine Einmischung seitens Fox (noch) schlucken. In diesem Fall handelte es sich um eine Kröte, die zu einer ganzen Folge wurde. Die Bosse wollten ein Szenario, in dem Mulder und Scully wie Michael Knight in *Knight Rider* für die gerechte Sache arbeiten und einer anderen Figur helfen, mit der man sich gut identifizieren kann. Außerdem wünschten sie sich gewissermaßen eine Neuauflage von *Poltergeist.* Somit handelt es sich beim Ergebnis genaugenommen um eine Auftragsarbeit, die das sonst so kreative Duo aus Glen Morgan und James Wong nach dem gewünschten Schema F zusammenschusterte. Dazu verwursteten die beiden die bereits im Teaser genannten Kinohits und ergänzten noch eine Prise *Teufelskreis Alpha* und *Psycho.* Große Vorbilder, die hier aber mit der notwendigen Distanz und Demut sowie dem Mut zur kreativen Umsetzung nicht wie reiner Selbstzweck wirken.

Denn alles, was die Macher darüber hinaus noch in der Hand hatten, machten sie richtig. Das größte Pfund dieser Folge liegt daher auch im Zusammenspiel aus Struktur und Atmosphäre. Nachdem das Problem aufgeworfen wird, ziehen die Verantwortlichen hinter den Kameras ihr Thema konsequent bis zum Ende durch, lassen uns interessiert und gespannt an den sich langsam, aber stetig entfaltenden Ermittlungen von Mulder und Scully teilhaben, halten das Tempo aufrecht und setzen auf die Symbiose aus starker Musikuntermalung und dem Credo, möglichst wenig zu zeigen oder zu erklären. Das gipfelt jedoch auch darin, dass in dieser Folge genaugenommen gar nichts geklärt wird, außer den illegalen Waffenexporten der Firma. Das ist umso erstaunlicher, weil es sich dabei um handfeste Themen handelt

(Terrorismus, Waffenschiebereien eines Wirtschaftsunternehmens, Betrug innerhalb der Chefetage, Mord an einem Geschäftspartner), die – wir erinnern uns – auch gut zu Michael Knight und seiner Arbeit gepasst hätten. Die X-spezifischen Fragen bleiben hingegen völlig offen. Man denke an die Körper, die sechs Stunden nach dem Tod noch warm sind und postmortal zucken. Keine Aufklärung. Dann sieht Mulder einen Mann im Raum schweben (und Scully leider nicht). Später erlebt Mulder mit Lauren einen wahren *Poltergeist/Ghostbusters*-Moment im Ex-Büro des Toten (und Scully natürlich erneut nicht). All das wird nicht nur nicht erklärt – Mulder und Scully sprechen auch nicht darüber oder bringen es am Ende in einem Voiceover in einen Kontext. Es wird schlicht totgeschwiegen, nur vorgeführt. Das ist selbst für *Akte X* ungewöhnlich, aber auch interessant, weil es vieles den Zuschauern überlässt. Dazu gehört z. B. die Frage, was mit Howard Graves passiert ist. Ist er wirklich ermordet worden und beschützt nun seine Ziehtochter (und Sekretärin) Lauren? Und wenn ja, warum? Folgt er ihr auch zum neuen Job, oder handelt es sich beim wackelnden Kaffeebecher um Zufall? Willkommen in einer X-Akte, bei der am Ende so viel klar ist wie zu Beginn: nämlich gar nichts.

Das gilt interessanterweise auch für eine Requisite, die immer wieder prominent ins Bild gerückt wird: das Glaskunstwerk des Howard Graves mit einem bekannten Ben-Franklin-Zitat, das mit etwas mehr Kontext lautet: »Arbeite heute, denn du weißt nicht, wie sehr du morgen daran gehindert wirst. Ein Heute ist zwei Morgen wert. Und weiter, wenn du morgen etwas zu tun hast, so tue es heute.« Dieser Ausspruch stammt aus Franklins Werk »Der Weg zum Reichtum« und scheint Graves' Inspiration für sein Leben gewesen zu sein. Nur – was wollen uns die Autoren der Folge damit sagen? Es könnte darauf anspielen, dass man Dinge, die man nicht will (oder will) nicht morgen angehen sollte, weil es dann vielleicht zu spät ist. Graves hat eventuell im Hier und Jetzt versagt, die falschen Strömungen in seiner Firma aufzuhalten, und verlor dadurch am Ende sein »morgen«. Da wir über

Graves aber genaugenommen am wenigsten erfahren, muss uns das am Ende genügen. Er bleibt der große Schattenmann (kleiner Scherz am Rand) der Folge.

TECHNISCH BETRACHTET

Zwei Beobachtungen noch zum Ende, die der Produktion zuzuordnen sind. Gillian Anderson und David Duchovny sind bereits hier vollkommen in ihren Rollen angekommen und überzeugen in jeder Szene. Neben diesem starken Duo ist es dann leider nicht zu vermeiden, dass schwächere Darstellerinnen und Darsteller qualitativ abfallen. Das ist hier umso deutlicher, weil Lisa Waltz als Lauren Kyte ebenfalls eine wirklich gute Leistung zeigt. Insbesondere ihre Bürokollegin und die beiden mysteriösen Mitarbeiter einer nicht genannten Behörde wirken neben unserem Duo jedoch viel zu steif, was aber im Deutschen zudem an der ungünstigen, weil gestelzten Synchronisation liegt.

Positiv muss hingegen noch einmal erwähnt werden, dass bereits so früh in der Serie klar wurde, wie essentiell die Arbeit von Mark Snow für die Serie werden würde. Der Komponist erzeugt hier allein durch den sich wiederholenden Klavierpart durchlaufend Schauer und lässt uns sogar auf der Hut sein, wenn visuell gerade gar nichts passiert. Denkt man an die Fahrstuhlmusik vieler anderer Produktionen früher und heute, hatte *Akte X* hier von Beginn an ein Alleinstellungsmerkmal, das in den 90er-Jahren seinesgleichen suchte.

Am Ende ist es ganz einfach: *Shadows* ist sicher kein großer Wurf, bietet aber eine kompetent erzählte Geistergeschichte mit Flair, die uns durchgehend bei der Stange hält. Mission erfüllt, Auftragsarbeit hin oder her.

WISSENSWERTES

- Der Name Tom Braidwood, der den des verstorbenen Howard Graves auf dem Parkplatz ersetzen soll, ist identisch mit dem Produktionsassistenten und späteren Schauspieler, der im Spin-off *The Lone Gunmen* (2001) die Rolle des Melvin Frohike übernahm.

- Glen Morgan und James Wong kam der Wunsch seitens Fox, eine Poltergeist-Story zu schreiben, gerade recht, weil beide Fans von Horrorgeschichten sind. Allerdings mochte Wong das Endergebnis nicht sonderlich und empfand das Skript im Gegensatz zur Regiearbeit als wenig gelungen. Ganz im Gegensatz zu Chris Carter: »Eine sehr populäre Folge. Toll gemacht, wirklich gute Spezialeffekte und eine dieser einfachen, aber essentiellen Geschichten. Eine FBI-Aktion und ein spannendes Rätsel, das Mulder und Scully da untersuchen.« (Confidential, S. 46, Übers. d. Autors)
- Ursprünglich sollte die Figur der Lauren Kyte keine Sekretärin sein, doch Fox wünschte sich Charaktere, mit denen sich das Publikum identifizieren kann, weshalb das Autorenduo einen wesentlich interessanteren Ansatz verwarf.
- Die Erforschung der Tele- oder Psychokinese gehört nicht dem Bereich der sogenannten Pseudowissenschaften an, sondern wird seit Jahrzehnten an renommierten Instituten von seriösen Forschern betrieben. Entsprechende Studien oder Forschungsergebnisse wurden unter anderem in anerkannten Fachjournalen wie dem Psychological Bulletin mit unterschiedlichen Ergebnissen veröffentlicht.
- Der Kerl, der den Grabstein von Howard Graves graviert hat, gehört gefeuert. Laut Inschrift starb er am 5. Oktober 1993. Der Überfall auf Lauren Kyte fand jedoch angeblich einige Wochen nach seinem Tod statt. Als Datum dafür wird der 22. September 1993 genannt. Irgendetwas stimmt hier nicht.
- Witzig: Die gespenstische Gestalt auf dem Video, die Mulder zum Zurückspulen animiert, ist erst nach dem Spulvorgang überhaupt zu sehen, vorher jedoch nicht. Oder Mulder hat einfach viel bessere Augen als wir Normalsterbliche.

FAZIT

Ohne dass man sich an diese Folge als großes Highlight erinnern würde, macht sie sogar im wiederholten Rewatch Spaß, weil sie weiß, was sie kann, was sie will und wie sie am besten zum Ziel gelangt. Dass sie dabei mehr Plagiat als Kreativleistung darstellt, stört nur bedingt, vor allem angesichts der Produktionshistorie. Wir lernen an diesem Beispiel: Es muss nicht immer die große Idee oder das Höchstmaß an Spannung sein. Die Macher beweisen vielmehr früh in der Serie, dass es durchaus reichen kann, eine gelungene Grundidee souverän und mit der nötigen Ernsthaftigkeit von A bis Z durchzuspielen.

DER KOLLEGE SAGT …

Shadows ist im besten Sinn des Wortes »spooky« und spielt mit gleich zwei Mystery-Themen, nämlich der Telekinese und Geschichten rund um Poltergeister. Was nun letztlich bei der sympathischen und so verletzlichen Lauren zutrifft, lässt die Folge trotz einiger recht eindeutiger Hinweise klugerweise offen. Trifft am Ende vielleicht sogar beides zu? Genau aus diesen Fragen bezieht diese stark an die Filme *Entity* und *Poltergeist* erinnernde Folge ihre Spannung. Darüber hinaus ist sie routiniert rätselhaft und spannend inszeniert. So macht *The X-Files* Spaß, zumal Mulder und Scully schon wieder einer neuen Erfahrung mit dem Übersinnlichen ausgesetzt sind.

1.07

GHOST IN THE MACHINE
(DIE MASCHINE)

Eine künstliche Intelligenz treibt im Firmengebäude von EURESCO ihr Unwesen und sorgt für viele gute Ideen, aber nur leidliche Spannung.

INHALT

Der CEO des innovativen IT-Unternehmens EURESCO, Benjamin Drake, wird auf mysteriöse Weise ermordet. Als Mulders alter Partner Jerry Lamana diesen und Scully um Hilfe bittet, stoßen die beiden X-Files-Agenten nicht nur auf das Computergenie Brad Wilczek, sondern auch auf das »Central Operation System«, das sich bald als wesentlich mehr als nur ein smartes Hausüberwachungsprogramm herausstellt.

GUT GEDACHT

Die Idee hinter *Ghost in the Machine* basiert zumindest partiell auf dem Kultfilm *2001: A Space Odysee (2001: Odyssee im Weltraum),* wie Produzent und Co-Autor Howard Gordon einmal erwähnte. Die Idee an sich ist also alles andere als neu, aber doch immer wieder gut, wenn sie denn richtig auserzählt ist. Eine KI mit Selbstbewusstsein ist geradezu prädestiniert für spannungsvolle Geschichten mit Thrillereinschlag. Insofern hätte sich aus dem Drehbuch eine Menge Kapital schlagen lassen. Zweifelsfrei gibt es auch einige gute Ansätze, die unterhaltsame 45 Minuten versprechen. Der Mord an Drake direkt zu Beginn hat durchaus seine starken Momente, und die Tatsache, dass COS die Schuld auf seinen Erfinder schiebt, nimmt sich ebenfalls positiv aus.

Zu hinken beginnt der Plot allerdings, als Mulders ehemaliger Partner Jerry (Wayne Duvall) die Bühne betritt. Der Agent ist offensichtlich nicht besonders clever und missbraucht das Täterprofil seines Freundes, um nach einem eklatanten Fehlschlag seinen Hals zu retten. Doch welchen Sinn verfolgt sein Auftauchen für den Fortgang der Geschichte? Als Motivator dient die Figur nur bedingt, weil sie erstens unsympathisch ist und zweitens durch eigene Dummheit stirbt. Zudem darf man bei Mulders Hartnäckigkeit davon ausgehen, dass jener den Fall ohnehin unter allen Umständen aufgeklärt hätte. All dies degradiert Lamana zu einem MacGuffin, einem austauschbaren Baustein.

LEIDLICH GUT GEMACHT

Ein wenig Spannung bringt zunächst das Computergenie Brad Wilczek (Rob LaBelle) mit sich, dessen Handlungsspielraum aber von Anfang an viel zu stark eingeschränkt ist. Im Kern läuft es darauf hinaus, dass er überemotional reagiert und sich von seiner eigenen Erfindung hereinlegen lässt, um dann im Gefängnis ein Supervirus zu erfinden, welches das Central Operation System lahmlegt. Doch müsste man nicht davon ausgehen können, dass ein adaptives System mit Selbstbewusstsein in der Lage ist, eine ganze Abwehrreihe von Firewalls zu schreiben? Sicherlich – am Ende der Episode wird sogar genau das angedeutet. Letztlich fällt das Finale aber recht flach und gehetzt aus, weil mit dem Subplot um den von Blu Mankuma gespielten CIA-Agent Claude Peterson ein Handlungsstrang zu viel für eine nur 45-minütige Episode eröffnet wurde. Dass dieser ebenfalls irgendwie zu einem Ende führen muss, ist unvermeidlich, kostet aber wertvolle Zeit, um das Finale erinnerungswürdiger zu gestalten.

POSITIVES

Als größter Pluspunkt bleibt somit Scullys Treue zu Mulder, die sich in dieser Folge zum ersten Mal deutlich manifestiert. David Duchovny und Gillian Anderson harmonieren einfach wunderbar miteinander, sodass selbst eine mittelmäßige Folge wie *Ghost in the Machine* noch ansehnlich bleibt. Gut gelungen ist auch die in letzter Minute ins Drehbuch geschriebene Sequenz im Lüftungsschacht, die für einen angenehmen Actionmoment in der ansonsten stellenweise etwas zäh inszenierten Episode sorgt. Nette kleine Details, wie Scullys FBI-ID 2317-616, ihre private Telefonnummer 202-555-6431 oder die Tatsache, dass Deep Throat alias Jerry Hardin seinen zweiten Auftritt in der Serie hat, lassen zudem das Herz eines echten Phile höherschlagen.

FAKTENCHECK

Überprüfen wir abschließend spaßeshalber noch drei Aussagen der Folge auf ihren Wahrheitsgehalt. Mulder behauptet, Computergenie Wilczek hätte einen IQ von 220. Basierend auf der Tatsache, dass man ab einem Wert von 130 in den Hochbegabtenverein Mensa aufgenommen werden kann, erscheint der von Fox erwähnte Intelligenzquotient recht unrealistisch. Tatsächlich liegt der derzeit höchste IQ weltweit aber etwa zwischen 225 und 230 und gehört zum Australier Terence Tao. Demnach könnte Brad Wilczek also tatsächlich der Überflieger sein, als den ihn unser X-Files-Agent klassifiziert.

Seine Entwicklung, das COS, stellt eine frühe Version des Smarthome dar, was für das Jahr 1993 reichlich weit hergeholt scheint. Eine nähere Prüfung zeigt indes, dass auch diese Idee durchaus Hand und Fuß hat, denn die ersten Ambitionen in die Richtung »intelligentes Heim« gehen auf die 30er-Jahre zurück. Last but not least will Wilczek seine KI schützen, um sie nicht dem Militär übergeben zu müssen. Seine Argumentation, dass einige wenige Morde seines Maschinengeistes aus Selbsterhaltungstrieb gegenüber der Macht der US-Regierung durch die Nutzung eines denkenden Programms das kleinere Übel seien, ist philosophisch betrachtet utilitaristischer, also konsequentialistischer Natur. Die Frage, die sich hinter dem erwähnten Dialog verbirgt, ist klar: Wie viele Morde sind gerechtfertigt, um eine noch größere Anzahl zu verhindern? Im Ergebnis lässt sich sagen, dass die Autoren hier gut recherchiert haben.

WISSENSWERTES

- Der Titel: *Ghost in the Machine* geht auf das ontologische Konzept des sogenannten Substanszdualismus zurück, auch Leib-Seele-Problem genannt, und entstammt einem Zitat des französischen Philosophen René Descartes.
- Produzent und Co-Autor Howard Gordon über die Episode: »Fox fand die Geschichte für eine X-Akte zu langweilig, und das war einer dieser Momente, da ich ihnen zustimmen musste.« (Official Guide, S. 115, Übers. d. Autors).
- Howard Gordon stand der fortschreitenden Technisierung und Computerisierung zur Zeit der Entstehung der Folge kritisch gegenüber und war der Ansicht, dass Maschinen wie Fernseher und Computer Menschen weniger kommunikativ und weniger miteinander vertraut machen würden.
- Ursprünglich war angedacht, die Abschaltung der Maschine effektvoller zu gestalten, doch aufgrund von Budgetproblemen gestalteten die Macher das Finale geradliniger, wie James Wong zu berichten weiß.
- Weil man für die Episode ein Büro-Hochhaus benötigte, entschied man sich für den Metrotower Complex in Burnaby östlich von Vancouver. Interessanterweise belegte der kanadische Geheimdienst Canadian Security Intelligence Service (CSIS) eine Etage des Gebäudes.

FAZIT

Auch eine grandiose Serie wie *Akte X* greift hin und wieder daneben. Trotz einiger Mängel im Spannungsaufbau, in Sachen Inkonsequenz und mangelnder Persönlichkeitsentwicklung des Möchtegern-HAL 9000 mit dem poetischen Namen COS ist der Grundgedanke aber doch spannend und aus heutiger Sicht in gewissem Sinn sogar prophetisch. Hinzu gesellen sich einige nette Hintergrundinformationen für Fans. Hätte sich das Autorenduo Howard Gordon und Alex Gansa stärker auf eine A-B-Struktur konzentriert und ein paar Fässer weniger aufgemacht, wäre sicherlich eine starke Folge herausgekommen. So bleibt leider nur unteres Mittelmaß.

DER KOLLEGE SAGT …

Zunächst einmal ist es sehr erfreulich, dass KARR, der böse Zwilling von KITT aus *Knight Rider,* auch nach dem Ende seiner eigenen Serie noch Jobs gefunden hat, hier als COS der Firma Eurisko. Und ja, der mit sich selbst sprechende Supercomputer mit den angestaubten Bauteilen wirkt heute natürlich ein wenig albern. Für 1993 jedoch dürfte die Vision dieser Maschine, die ein eigenes Bewusstsein erlangt und somit zur großen Bedrohung wird, noch deutlich eindrucksvoller gewesen sein. Daher muss ich dem Kollegen an dieser Stelle widersprechen: Die Folge macht durchweg Spaß, wenngleich sicher allein schon mehr drin gewesen wäre, hätte man den furchtbar unsympathischen Ex-Kollegen (hier sind Prahl und ich uns immerhin einig) einfach weggelassen. Auch wäre es nett gewesen, zu erfahren, wie Mulder Deep Throat eigentlich herbeigerufen hat. Reibt er an einer alten Lampe?

Genau genommen erleben wir hier aber vermutlich, wie Mulder und Scully die Entstehung der Zylonen verhindern (oder eben am Ende doch nicht). Der Weg dorthin ist mit guter Atmosphäre, einer starken Dynamik zwischen den beiden Protagonisten, aber auch einigen Merkwürdigkeiten gespickt. Malt Scully in einer Szene wirklich mit einem roten Wachsmalstift auf Mulders Monitor herum? Oder handelt es sich um irgendein topmodernes Gerät, das 1993 noch niemand außerhalb von Regierungseinrichtungen kannte? Und musste vielleicht noch jemand außer mir bei der Freisetzung des Virus an die Szene aus *Independence Day* denken? Nicht nur das COS dürfte an dieser Stelle weinerlich »Waruuuum?« gerufen haben. Ansonsten gibt es an dieser frühen Smarthome-Version mit irrer KI, sympathischem Programmierer und (erneut) fiesen Regierungsmitarbeitern von der dunklen

Seite aber nicht viel auszusetzen, außer vielleicht die viel zu bemühte Actionszene von Scully im Schacht, die meinem Kollegen nun ausgerechnet wieder gefiel. Manchmal geht es aber auch einfach ohne Action-Wake-up-Call.

1.08
ICE
(EIS)

Ice Ice Baby! *Es dauerte acht Episoden, um aus einem vielversprechenden Neustart in der Serienlandschaft etwas Größeres zu machen. Der beinharte Psychothriller im ewigen Eis brachte unsere Helden weit voneinander weg und schweißte sie doch enger zusammen – auch mit uns. Ein Feuerwerk in der Kälte!*

INHALT

Der Kontakt mit einer Forschungsstation im Norden Alaskas bricht ab, und Mulder und Scully sollen nach dem Rechten sehen. In Begleitung von drei Forschern machen sie sich auf den Weg zur Station, finden die Wissenschaftler jedoch nur noch tot vor …

GELD SPAREN UND SO

Trekkies kennen das: Oft, wenn Senderverantwortliche die Macher der verschiedenen Serien (oder Filme) baten, doch mal bitte ein wenig Geld zu sparen, entwickelten die Autoren kammerspielartige Folgen, die mit wenigen Drehorten, Gaststars oder Effekten auskamen. Daraus resultieren in schöner Regelmäßigkeit echte Perlen, die es in den Hitlisten nicht selten weit nach vorne schafften. Exakt das Gleiche geschah auch im ersten Jahr von *Akte X* – und schenkte uns *Ice*.

Dabei hatten die beiden Autoren Glen Morgan und James Wong zu Beginn eigentlich nur eine Idee: Sie wollten, dass

Mulder und Scully an einer Stelle der Handlung die Waffen aufeinander richten. Das war ihr Startpunkt – alles andere entstand um diese Sequenz herum. Dass sie sich für den Rest extrem beim Roman *Who goes there?* beziehungsweise der Carpenter-Verfilmung *Das Ding aus einer anderen Welt* von 1982 bedienten (und sogar den Art Director des Streifens an Bord hatten!) muss man einfach schlucken. Oft kommt es eben nicht auf die originelle Idee, sondern auf die Cleverness der Umsetzung an, so auch hier.

SIMPEL UND GUT

Genaugenommen haben wir es allerdings mit einer wirklich simplen Geschichte zu tun, die sich dramaturgisch auf konventionelle Einflüsse verlässt. Die Autoren bringen die Figuren relativ schnell an den beengten Handlungsort, an dem a) eine düstere Gefahr lauert, b) sich alle unwohl fühlen, c) offenbar bereits schlimme Dinge geschehen sind und d) mit jeder vergehenden Sekunde die Daumenschrauben an den zitternden Händen der Protagonisten angezogen werden. Das größte Vorbild stellt dabei, wie erwähnt, *Das Ding aus einer anderen Welt* dar. Wir haben das Video eines mittlerweile Verstorbenen, den Hund, die Leichen und einiges mehr, was sofort an die Vorlage denken lässt. Dennoch gelingt Eigenständigkeit. Das liegt vornehmlich daran, wie geschickt die Autoren Mulder und Scully gegeneinander aufhetzen, obwohl beide das natürlich gar nicht wollen. Sie werden in den Sog der Ereignisse gezogen und verlieren sukzessive die Nerven, das Vertrauen (in andere) und schließlich fast den Verstand. Allerdings eben nur fast. Trotz der Szene, in der beide ihre Waffen aufeinander richten, gelingt es ihnen nämlich, in essentiellen Momenten zu vertrauen. Auch wenn alle anderen für sie potentielle Mörder sind, halten sie sich aneinander fest. Für Mulder, der generell eher schnell zu glauben bereit ist, mag das kein großer Sprung sein, für Scully hingegen schon. Sie lässt hier erstmals durchscheinen, dass ihr dieser neue Kollege etwas bedeutet und sie ihm um jeden Preis vertrauen möchte.

Mit all diesen Zutaten entspinnt sich ein kammerspielartiger Thriller, vergleichbar mit der Atmosphäre in einem gesunkenen U-Boot, bei dem der Sauerstoff langsam ausgeht. Alle sind am Limit, jeder kann von den mysteriösen Würmern besessen sein, und der pure Überlebenswille führt zu spannenden Einsichten in die menschliche Natur. Typisch für die Serie ist, dass man am Ende mit Antworten sparsam umgeht. Das Militär (oder wer auch immer) hat die Forschungsstation abgebrannt, und der Wurm bleibt im Eis. Scully scheint das, im Gegensatz zum ewig suchenden Mulder, nur recht zu sein.

ZUSAMMENSPIEL

Perfektion erreicht man in der Regel nur, wenn es an allen Ecken und Enden stimmt. In diesem Fall gibt es von der Seite der Umsetzung nichts zu bemängeln. Die Musikuntermalung sorgt dafür, dass wir ständig auf der Hut sind und ein ungutes Gefühl haben; die visuelle Präsentation ist klaustrophobisch und engt uns ein. Zudem gelang die Darstellung der Würmer äußerst gut. Insbesondere die Effekte unter der Haut überzeugen sogar noch heute, während einige Einstellungen in den Containern mittlerweile eindeutig als CGI der 90er-Jahre zu identifizieren sind. Geschenkt! Duchovny und Anderson geben dafür alles, haben jedoch auch noch herausragende Kollegen an ihrer Seite. Insbesondere Xander Berkley ist sofort in seiner Rolle zuhause und liefert eine Galavorstellung. Jeff Kober als Bear ist herrlich kauzig, und Steve Hytner als Baseballfan Murphy wächst uns sofort ans Herz und muss konsequenterweise früh sterben. Einzig Felicity Huffman könnte man als Schwachpunkt bezeichnen, da es ihr nie gelingt, ihrer Figur DaSilva Charisma zu verleihen. Am Ende darf sie dann immerhin kurz durchdrehen. Dennoch: Der Mix aus Optik, Akustik und schauspielerischen Leistungen sorgt dafür, dass wir keine Minute durchatmen können. Möchte man mit dreißig Jahren Abstand überhaupt irgendetwas bemängeln, dann vielleicht das Matte Painting der Station im Schnee. Diesem Effekt sieht man auf heutigen Geräten sein Alter natürlich an, was aber zu vernachlässigen ist. Damals war er klasse!

WISSENSWERTES

- Glen Morgan kam auf die Idee zu *Ice,* als er einen Artikel las, in dem es um 250000 Jahre alte Sedimente aus Kernbohrungen ging, die jüngst analysiert worden waren. Am 7. Dezember 2022 veröffentlichte indes ein 26-köpfiges Wissenschaftlerteam im renommierten Fachmagazin Nature eine Studie über die Entdeckung von zwei Millionen Jahre altem Erbgut und stellte damit einen neuen Weltrekord auf.
- Um dem *Akte X*-Team einen Grund für die Ermittlungen zu geben, verlegte Glen Morgan die Handlung nach Alaska.
- Für die Episode wurde eigens künstliche Haut hergestellt, die die Effektabteilung auf dünnen Fläschchen befestigte, die dann als Würmer dienten. Allerdings sind einige der Parasiten auch digital entstanden.
- Im *The Ultimate Guide to the X-Files* von Entertainment Weekly rangiert die Episode auf Platz zwei der bestbewerteten Episoden der ersten Staffel.

FAZIT

Ice ist der erste große Knaller der jungen Serie und zeigt exemplarisch auf, worin die Stärken des Formats liegen: Da ist einmal die wunderbare Chemie zwischen Anderson und Duchovny, die ohnehin jede Szene trägt, bei optimal geschriebenen Dialogen und in einem gelungenen Setting aber qualitativ nach oben keine Grenzen kennt. Kommt dann noch der furchteinflößende Score von Mark Snow ins Spiel, ergänzt durch perfekte Regie- und Kameraarbeit wie hier von David Nutter, starke Nebendarsteller und eine Geschichte, die in jedem Moment fesselt, sitzt man auch heute noch wie gebannt vor der Flimmerkiste und fiebert mit. Mit Folgen wie *Ice* wurde *Akte X* wahrlich zum großen Kino auf dem kleinen Schirm. Ein Klassiker!

DER KOLLEGE SAGT ...

The Thing im *Akte X*-Style, wow! *Ice* hat alles, was eine gute Mystery-Geschichte braucht: Suspense, einen Hauch Horror, eine Prise Ekelfaktor und Spannung von der ersten bis zur letzten Minute. Die Szene, in der Mulder und Scully misstrauisch mit ihren Waffen aufeinander zielen, ist psychologisch, inszenatorisch und inhaltlich ganz großes Kino und ein wahrer Höhepunkt der ersten Staffel. Stark ist zudem, dass Glen Morgan und James Wong immer wieder wissenschaftlich nachvollziehbare Aspekte in ihre Storys einfließen lassen. Im Verbund mit starken Gaststars und einer ansehnlichen Auflösung haben wir hier einen der Höhepunkte der Staffel vor uns.

1.09

SPACE
(BESESSEN)

Ufologische Klischees um das altbekannte Marsgesicht und besessene Astronauten ergeben in Verbindung mit einer hübschen Spaceflight-Story eine spaßigere Episode, als gemeinhin angenommen wird.

INHALT

Fox Mulder und Dana Scully werden von der NASA-Mitarbeiterin Michelle Generoo kontaktiert, die an einen Sabotageakt bezüglich des nächsten Space-Shuttle-Flugs glaubt. Als sie den beiden X-Files-Agenten handfeste Beweise liefert, nehmen diese die Ermittlungen auf und geraten dabei an die Astronautenlegende Colonel Marcus Aurelius Belt, der von einem Alien besessen ist.

STORYIDEE: TOP

Obwohl weder Chris Carter noch James Wong auf visueller Ebene mit dem Ergebnis zufrieden waren, darf man Wong doch recht geben, der das Skript für die Episode mochte. Die Story bedient sich hier munter diverser, in ufologischen Kreisen kursierender Scheinfakten und Interviews über das weltberühmte Marsgesicht und missinterpretierten UFO-Sichtungen von Kosmonauten und Astronauten wie Buzz Aldrin, Edgar Mitchell und Vladimir Kovalenok, um eine gespenstische Geschichte um den fiktiven NASA-Flightchef Colonel Belt zu erzählen. Ganz davon abgesehen, dass das Casting-Department mit Ed Lauter einen erfahrenen und beliebten Seriennebendarsteller als Besessenen verpflichtete, ist die Idee, aus dem Marsgesicht eine Alienspezies zu machen, die Besitz von Geist und Körper ergreift, durchaus pfiffig.

Obwohl das geneigte Publikum aufgrund des Aufbaus der Geschichte recht schnell auf die Auflösung aufmerksam gemacht wird, ist es doch spannend zu erfahren, wie stimmig Drehbuchautor Chris Carter hier mit diversen Verschwörungstheorien aus der UFO-Szene umgeht. Das Ziel der Story ist es entsprechend nicht, den Fall aufzuklären, sondern zu verhindern, dass die im sabotierten Space Shuttle gefährdeten Astronauten im Sinn eines Ticking-Clock-Events in der schwarzen Kälte des Alls sterben. Anhand der geschickten Kombination aus NASA-Footage, in der ersten Hälfte gut gelungenen Spezialeffekten sowie einem ansprechenden Setdesign gelingt es den Machern, eine tolle Atmosphäre auf den Bildschirm zu zaubern, die heute vielleicht nicht mehr ganz State of the Art ist, aber ihre Wirkung dennoch nicht verfehlt.

Das liegt zum einen, wie oben bereits angedeutet, an den Gaststars, zu denen auch Susanna Thompson als Kommunikationschefin im Space-Control Center und der unter anderem aus *Stargate SG-1* bekannte Tom McBeath gehören. Zum anderen überrascht die Folge immer wieder mit Szenen, in denen das Alien Besitz von Belt ergreift, um die Astronauten zu töten oder Generoo auszuschalten, weil sie der Sabotageaktion zu sehr auf die Spur kommt. Als weiteres starkes Standbein erweist sich, dass sich der Colonel unterbewusst mit aller Kraft gegen seine Besessenheit stemmt und die Sabotageakte des Marsgesicht-Aliens immer wieder unterläuft. Lauter stellt den inneren Konflikt seines Alter Egos routiniert dar und fällt am Ende konsequent seinem außerirdischen Aggressor zum Opfer.

UMSETZUNG: MITTELMASS

Kommen wir damit zur weiteren audiovisuellen Umsetzung der Show, und die lässt an mehreren Stellen tatsächlich einiges zu wünschen übrig. Während die Szenen rund um das Shuttle insgesamt gut bis hervorragend gelungen sind (seinerzeit war es durchaus üblich, Archivmaterial zu verwenden), lässt sich das über die Besessenheitssequenzen leider nicht vollumfänglich sagen. In den Momenten, in denen das ›Marsgesicht‹ über jenes von Ed Lauter gelegt wird, sieht das Ganze noch hübsch gruselig aus; auch die Loslösung des Aliengeistes vom Körper seines Wirtes geht im Kontext zur Entstehungszeit der Episode in Ordnung. Wenn Belt jedoch mit dem Wesen um die Vorherrschaft über seinen Körper und Geist kämpft, wird es optisch bisweilen grotesk, was in Anbetracht der interessanten Prämisse der Story durchaus schade ist. Obwohl Ed Lauter ansonsten eine gute Performance abliefert, driftet er in den betreffenden Szenen in Richtung Overacting ab, was letztlich an der Glaubwürdigkeit der Geschichte nagt.

WISSENSWERTES

- Obwohl *Space* als Low-Budget-Bottle-Episode konzipiert worden war, entwickelte sie sich zur teuersten der gesamten Staffel. Dafür war insbesondere das Mission-Control-Set verantwortlich. Für Szenen mit den Astronauten im Space Shuttle blieb hingegen kein Geld, was Carter sehr bedauerte und was auch ein wenig sonderbar anmutet, weil man nur ihre Stimmen hört und sie nicht kennenlernt.
- James Wong über die Episode: »Das war ein großartiges Skript und eine wirklich gute Episode. Das Problem war, dass einige Spezialeffekte extern erstellt wurden und des-

halb nicht besonders gut gelungen waren. Sie sahen kitschig aus und gingen zulasten der Effektivität.« (X-Files Confidential, S. 58, Übers. d. Autors)

- James Wong mochte die Idee, dass es einen Saboteur in der NASA gab, war aber im Nachhinein der Ansicht, man hätte dem Publikum die Tatsache, dass die Aliens diesen kontrollierten, besser vermitteln können.
- In der Geschichte der NASA gibt es noch zahlreiche weitere Astronauten und Testpiloten, die über UFO-Sichtungen berichteten, darunter Gordon Cooper, Ed White, James McDivitt, James Lovell, Frank Borman, Robert White und Eugene Cernan. Das Erlebnis des Apollo-11-Astronauten Buzz Aldrin klingt bei näherer Betrachtung hingegen weniger geheimnisvoll: Aldrin berichtete zwar tatsächlich über ein entsprechendes Ereignis, erzählte der Presse aber mehrfach, dass es durchaus Erklärungen gäbe, »die nicht auf ein Raumschiff anderer Nationen oder anderer Welten hinauslaufen. Es war entweder die Rakete, von der wir uns getrennt hatten, oder eine der vier Blenden, die in dem Moment abfielen, als wir die Landefähre aus der letzten Stufe herauszogen, und die das Sonnenlicht reflektierten.«

FAZIT

Die erneuten Bezüge auf bekannte Sensationsartikel, die zwischen 1976 und Ende der 90er-Jahre die Spekulationen um Leben auf den Mars hochkochen ließen, Berichte von Astronauten über unerklärliche Sichtungen im All, die den Menschen eine Gänsehaut über den Rücken jagten und sie an eine große Regierungsverschwörung glauben ließen, und dann noch ein hochrangiger NASA-Chef, der von einem Alien besessen ist: Aus heutiger Sicht mag das starker Tobak sein, damals war die Idee jedoch brandneu. Es macht allein schon Spaß, sich die Verknüpfung dieser an sich grundverschiedenen Ufologiefantasien auf der Zunge zergehen zu lassen und zu genießen. Im Verbund mit Nebendarstellerinnen und Nebendarstellern, die jedem Seriennostalgiker das

Herz öffnen, sowie Fox Mulder, der als Kind davon träumte, Astronaut zu werden, macht *Space* trotz seiner technischen Unzulänglichkeiten doch irgendwie Spaß. Nicht mehr, aber eben auch nicht weniger.

DER KOLLEGE SAGT ...

Rund zwanzig Minuten lang hätte ich dem Kollegen zugestimmt und diese von vielen Fans verschmähte Folge mit dem Prädikat »viel besser als gedacht« durchgewunken. Mit dem Auftauchen des Gespenstes (vermutlich die schwächsten Effekte der ganzen Serie) und dem immer übertriebeneren Spiel des Ed Lauter kippte die Episode jedoch leider ins Alberne. Das ist besonders schade, weil das NASA-Setting durchaus gelungen ist und die Verbindung aus Archivbildern und neuen Szenen zumindest damals auf alten TV-Geräten gut funktioniert hat. Heute sind die Unterschiede in der Bildqualität natürlich eklatant. Viel schwerwiegender ist jedoch, dass Mulder und Scully in vielen Szenen zu passiven Beobachtern degradiert werden und somit kaum Anteil an der Geschichte erhalten. Das beginnt genau genommen schon damit, dass sie wegen angeblicher Sabotage hinzugezogen werden, was – wenn man einmal darüber nachdenkt – wenig überzeugend klingt. Dass es sich am Ende um eine Alien-Spezies handelt, die Menschen übernimmt und verängstigt, passt zwar final zu den X-Akten, war aber zu Beginn nur anhand der Kerben im Bauteil gar nicht absehbar. Ein wenig wirkt es also, als hätte man Mulder und Scully wegen eines Lolly-Diebstahls im Freizeitpark angefordert, bei dem sich am Ende herausstellt, dass der Dieb ein Yeti ist. So funktioniert die Serie eigentlich nicht.

Trotz all dieser Punkte ist vieles in der Episode aber tatsächlich besser als allgemein kommentiert. Die Atmosphäre stimmt, die Kulissen sind gut, Susanna Thompson spielt überzeugend, und die Geschichte rund um Mulders Kindheitsträume macht Spaß. Dazu ist es durchaus spannend, sich zu fragen, wie Missionen ins All die Psyche von Astronauten beeinflussen können. Was macht die Angst vor dem Unbekannten mit uns? Kann sie den Verstand rauben? Zwar ist die Folge durch die gewählten Effekte hier sehr deutlich und lässt uns mit dem klaren Gefühl zurück, Aliens am Werk zu sehen, der Subtext gefällt aber dennoch. Nennen wir das Ganze also vielleicht ein Experiment, das in Teilen mächtig schiefgegangen ist. Kein Beinbruch, aber sicher auch kein wichtiges Rewatch-Material.

1.10

FALLEN ANGEL
(GEFALLENER ENGEL)

»Das Wohl von vielen wiegt schwerer als das Wohl eines Einzelnen«, soll einmal irgendein großer Denker auf dieser oder einer anderen Welt gesagt haben. Ist es nicht interessant, wie sehr Mulder und die Mächtigen in den Schatten diese Einschätzung teilen und damit daneben liegen? Wer Max Fenig kennt, kann auf jeden Fall nur schwerlich zu einer solchen Aussage kommen.

INHALT

Ein unidentifiziertes Flugobjekt stürzt in der Nähe einer Kleinstadt ab. Die Army versucht, den Vorfall zu vertuschen, und evakuiert die Bevölkerung unter dem Vorwand eines Giftmüllunfalls. Mulder glaubt das natürlich keine Sekunde lang und ermittelt auf eigene Faust …

FAKTOREN FÜR SIEGER

Gleich mehrere Faktoren tragen zum Gelingen dieser durchweg spannend erzählten Alienhatz bei. Da wäre zunächst einmal der Einfall, Mulder einen überraschenden Alleingang unternehmen zu lassen, um herauszustellen, dass Scully – so sehr sie auch schon mit ihrem neuen Kollegen zusammengewachsen ist – immer noch die Funktion erfüllt, seine Arbeit zu überprüfen und im besten Fall zu diskreditieren. Natürlich lassen die Autoren sie nicht auf eine Weise agieren, dass wir (oder gar Mulder) das Vertrauen verlieren. Durch die anfängliche Aufspaltung erhalten wir aber wieder einmal eine Prise des Einzelgängers Mulder und seiner Gouvernante Scully, die – wenn es nach ihm geht – auch nicht immer und überall ihren Senf dazugeben muss. Ein gelungener Drahtseilakt.

Dann gewinnt die Folge eindeutig dadurch, dass wir mit Max Fenig einen emotionalen Anker geboten bekommen, der nicht nur wahnsinnig sympathisch daherkommt und uns direkt ans Herz wächst, sondern mit zunehmender Spielzeit zu einer immer tragischeren – und dadurch letztlich realeren – Figur wird. Der epileptische Anfall in seinem Wohnwagen, bei dem Mulder still Hilfe leistet, erinnert uns daran, dass all die merkwürdigen Ereignisse in dieser Serie immer noch echten Menschen passieren, die ein Leben führen, Sorgen und Nöte erfahren und durch einschneidende Erlebnisse oder Krankheiten belastet sind. Für Max gelten gleich mehrere dieser Dinge und erlauben es uns, diesen Nerd, Freak oder Außenseiter – als den man ihn schnell abstempeln könnte – mit ganz anderen Augen zu sehen. Das hervorragende Schauspiel von Darsteller Scott Bellis tut sein Übriges.

Der dritte Punkt stellt dann eher eine Beobachtung dar, die aber angesichts des weiteren Verlaufs der Serie Spaß macht: Fenig ist genau genommen der erste Lone Gunman. Man kann sich regelrecht vorstellen, wie die Macher nach dieser Episode dachten, wie cool es doch wäre, Mulder und Scully eine oder mehrere Nebenfiguren zur Seite zu stellen, die deutlich durchgeknallter als Mulder wirken und gerade in Sachen komödiantisches Timing damit auch perfekt als Gegenpol zu Scully passen würden. Bis zu den echten Lone Gunmen sollte es zwar noch eine Weile dauern, Max Fenig ist aber so etwas wie ihr Prototyp.

Zuletzt hält uns die Episode noch mit einem eher technischen Kniff bei der Stange, der in Hollywood keine Neuheit darstellt: Man zeigt uns vom Alien nur so viel, wie gerade nötig ist. Man denke an den ersten *Jurassic Park* und die ikonische Frage, ob es denn in diesem Dinopark eigentlich auch ein paar Dinosaurier gäbe. Hier spannt man uns ebenfalls auf die Folter und verrät uns am Ende kaum etwas, was deutlich überzeugender als ein unter Umständen misslungener Effekt ist.

DER SPOCK-FAKTOR

Das war es aber natürlich noch längst nicht, was diese Episode ausmacht. Interessant ist bei einer Geschichte dieser Art vor allem der Subtext. Für das Militär geht es primär darum, einen gefährlichen Sachverhalt zu befrieden und gegebenenfalls zu vertuschen. Mulder hingegen ist auf der Suche nach der Wahrheit und möchte diese am liebsten in die Welt hinausrufen. Beide Positionen sind gefährlich. Deutlich wird das hier an der Figur des Max Fenig, der das kumulierte, tragische Opfer all der düsteren Vorgänge in der Serie darstellt. Da wir die Chance erhalten, ein wenig über seine Geschichte zu erfahren, verstehen wir viel besser, was in Entführten vorgehen muss, wie die Erfahrung sie verändert und zu was Angst, Unwissenheit und Leere sie treiben können.

Denken wir in diesem Zusammenhang noch einmal an die eingangs zitierten Worte eines gewissen Vulkaniers (aus *Star Trek).* Militär, Befehlshaber und auch Mulder sind letztlich am Wohl von vielen interessiert, wenngleich Mulder egoistisch natürlich außerdem nach seiner Schwester sucht. Während die einen versuchen, die Wahrheit unter der Decke zu halten, die Öffentlichkeit zu beschützen (dumm zu halten?) und eine breite Anerkennung für außerirdisches Leben zu verhindern, will Mulder genau das Gegenteil erreichen. Er sieht in der Aufklärung aller Menschen nur Vorteile, will Fakten schaffen, den Schleier lüften und allen einen Blick auf das gewähren, was für ihn im Zentrum seiner Suche steht. In gewisser Weise sind beide Standpunkte egoistisch und kurzsichtig. Beide übersehen den menschlichen Faktor des Individuums und was Wissen oder das Vorenthalten dieses Wissens bedeuten kann. Max Fenig wird für uns zu dem ›Einen‹, für den zu kämpfen sich lohnt. Er will und braucht Gewissheit und Wahrheit, denn er ist – im Gegensatz zu vielen Entscheidungsträgern – wirklich von den Vorgängen betroffen.

Letztlich führt das zum Erfolg dieser Episode, die gar nicht so viel anders macht als andere Beispiele aus dem gleichen Themenkomplex, an den richtigen Stellen ihre Schlaglichter aber stimmig setzt und uns an das erinnert, was wirklich zählt: der Mensch, das Individuum, das Einzelschicksal. Dafür lohnt es sich zu kämpfen. Für einen *und* für viele. Sorry, Mr. Spock.

WISSENSWERTES

- Die Inspiration für die Geschichte basiert auf der realen Begebenheit eines umgekippten Lastwagens, der giftige Substanzen transportierte und zur Evakuierung einer Stadt führte. Carter spielte mit dem Gedanken, was wohl wäre, wenn der Lasterunfall lediglich eine Alibigeschichte sei, hinter der sich etwas ganz anderes, »etwas Unheimliches«, verberge, wie Jane Goldman in ihrem Sachbuch *Die wahren X-Akten* erzählt.
- Howard Gordon sagt: »Wir sind sehr stolz auf die Folge. Alex und ich lieben es, uns an einer Figur festzubeißen, die uns interessiert und von der eine emotionale Resonanz ausgeht.« (Confidential Second Edition, S. 51, Übers. d. Autors)
- Als die Geschichte entstand, war sich das Produktionsteam noch nicht vollends im Klaren darüber, in welche Richtung sich die Figur Deep Throat entwickeln sollte.
- Robert G. Goodwin beschrieb das Alien in einem Memo als dinosaurierartiges Wesen mit einem langen Kopf und flügelähnlichen »Schwimmhäuten« an den Armen und langen Beinen.
- Chris Carter über das Alien: »Ich finde immer, dass die Dinge, die du nicht sehen kannst, dir mehr Angst einjagen als jene, die du siehst.« (Confidential Second Edition, S. 55. Übers. d. Autors)

FAZIT

Nach den Aspekten »Verschleiern der Wahrheit« und »Suche nach der Wahrheit« traut sich die Serie früh an einen dritten Eckpfeiler heran und fragt, was die Dinge, von denen wir nichts erfahren sollen und nach denen Mulder sucht, eigentlich im Einzelfall mit den Betroffenen machen. Was bedeuten sie emotional? Wozu führen sie? Damit reichern die Autoren ihre eigene Verschwörungserzählung um eine emotionale Ebene außerhalb der Hauptfiguren an und erreichen, dass wir bereit sind, uns auch abseits der Protagonisten und Themen für diese Welt zu interessieren. Denn eines ist doch klar: Mit Pech ist es die Welt, in der wir leben. Und wer möchte schon ein Max Fenig sein?

DER KOLLEGE SAGT ...

Herrlich! *In Fallen Angel* steckt alles drin, was *Akte X* zum Kult gemacht hat. Eine hochgradige Verschwörung, ein UFO-Absturz, eine Begegnung der vierten Art und die altbekannten unbekannten Miniobjekte, die gemäß zahlreichen Ufologen üblicherweise unter die Haut implantiert oder über die Nase bzw. einen Schnitt hinter dem Ohr eingepflanzt werden. Das ist Serienmythologie in Reinkultur. Ein besonderer Glücksfall ist übrigens der genial aufspielende Scott Bellis als Max Fenig, der der Episode einen ganz besonderen Touch verleiht, indem seine Figur die Geschichte auf eine sehr persönliche Ebene hebt. Am Ende gibt es dann noch ein hübsches Zitat für Verschwörungstheoretiker aller Coleur, wenn Mulder während seiner Anhörung sagt: »Was kann ich mit meinen Beweisen schon gegen hochamtliche Lügen ausrichten?«

1.11
EVE
(EVE)

Kaltblütige Killerkinder – und das im Doppelpack, kombiniert mit schrecklichen Genexperimenten im Kalten Krieg. Das kann nur gut sein – und ist es auch.

INHALT

Mulder und Scully werden zu einem mysteriösen Mord in Connecticut gerufen, bei welchem dem Vater der achtjährigen Teena 75% seines Blutes entnommen wurden. Der Fall wird noch seltsamer, als in Marin County, Kalifornien, ein identischer Tathergang gemeldet wird. Bei der Begutachtung des zweitens Tatorts stoßen die Agenten auf ein Geheimnis, das sie auf die Fährte einer großangelegten Regierungsverschwörung führt: Die Tochter des im 3000 Kilometer entfernten Kalifornien getöteten Doug Reardon ist nicht nur genau so alt wie Teena, sie ist zudem ihr exaktes genetisches Ebenbild.

GRUSELFAKTOR

Allein das Intro von *Eve*, in dem Teenas Vater wie von einem Vampir ausgesaugt auf der Schaukel im Garten platziert ist, ist für die Entstehungszeit der Serie großes Kino und führt mit einem Schockmoment in die gut durchdachte und ausgefeilt geschriebene Episode ein. Zwar wird recht schnell klar, dass der Plot auf das Thema illegale Genexperimente abzielt. Der dargestellte Zusammenhang mit künstlicher Befruchtung und den zahlreichen dokumentierten Experimenten an Menschen seitens der CIA von den 50er- bis in die späten 90er-Jahre hinein ist aber so hochspannend inszeniert, dass es keine Sekunde langweilig wird. Hinzu kommt ein Schuss Alien-Verschwörung, gemixt mit dem aus Presse und TV-Dokumentationen bekannten Phänomen der Tierverstümmelungen. Viel mehr geht nicht.

Die Episode ist aber allein schon deshalb gruselig, weil in der Geschichte zwei hübsche kleine Mädchen zu eiskalten Killern gemacht werden. Ein großes Lob gebührt dabei den Zwillingen Erika und Sabrina Krievens, die mit Bedacht gewählt wurden und einen sehr guten Job abliefern. Die beiden strahlen eine Gänsehaut erzeugende Kälte aus, wirken aber andererseits wundervoll kindlich naiv. Die Szenen, in denen sie schutzsuchend ihre Teddys drücken und kurz darauf entführt werden, sind geradezu schockierend und lösen das ungute Gefühl aus, dass die fantastisch von Harriet Harris gespielte Dr. Kendrick als typische Mad-Scientist-Figur schreckliche Versuche an ihnen durchführen wird. Zu erfahren, dass sie selbst Opfer des von Deep Throat an Mulder geleakten Litchfield-Experiments ist, ist eine starke Twist-Idee, zumal das Publikum zunächst davon ausgehen muss, dass eine der überlebenden Eve-Klone 7 und 8 der Mädchen habhaft werden will.

TECHNISCHES

Ein aus vielen Versatzstücken zusammengesetztes Konglomerat zu einem homogenen Ganzen zu vereinen, stellt eine autorische Meisterleistung dar. Tatsächlich verfügt die Episode über einen dichten, aber stringenten Erzählstrang mit punktgenau gesetzten Plotpoints, ein nicht zu hohes Erzähltempo und eine Figurenkonstellation, die sich auf das Nötigste beschränkt. Schön ist zudem der Auftritt von Deep Throat, der Mulder wieder einmal auf die richtige Spur führt, obwohl wir inzwischen wissen, dass er dies nur tut, um ihn besser im Auge behalten zu können. Ein intensives Hinhören ist außerdem die grandiose Musik von Mark Snow wert. Der Komponist wartet mit einem zwar relativ ruhigen, aber doch spannungsgeladenen Score mit Mystery- und Horrorelementen auf, der die Schlüsselszenen hervorragend unterstreicht und im Verbund mit der starken Regie von Fred Gerber (der zudem ein gutes Gefühl für die Arbeit mit Kindern beweist) eine tolle Atmosphäre erzeugt.

KLEINE SCHWÄCHEN

Obligatorisch ist hingegen die Szene, als Mulder herausfindet, dass Cindy und Teena ihn und Scully vergiften wollten, wonach er sie schließlich auf der Flucht erwischt. LKW-Fahrer oder andere Unbeteiligte, die sich als vermeintliche Retter in der Not hervortun, sind in der Film- und Fernsehlandschaft nichts Neues und werden gerne bemüht, um das Finale ein wenig actionreicher zu gestalten. In diesem Fall funktioniert dieser dramaturgische Kniff allerdings nur leidlich, weil sich der Gefahrenmoment zu schnell auflöst und die Kinder aus einer rein körperlichen Perspektive letztlich keine Bedrohung für die Agents darstellen. Allerdings dürfte die etwas schnell geratene Auflösung am Ende der vorgeschriebenen Spieldauer von 45 Minuten geschuldet sein, und man kann beim besten Willen nicht alles in eine Episode pressen. Insofern meckern wir hier auf sehr hohem Niveau.

WISSENSWERTES

- Die Idee zur Episode und der First-Draft stammen von den Freelancern Kenneth Biller und Chris Brancato. Der Erstentwurf wurde jedoch von Glen Morgan und James Wong umgeschrieben. Einige interessante Ideen stammen zudem von Regisseur Fred Gerber.
- Laut Robert Goodwin gestaltete sich das Casting der Zwillinge für die Episode besonders kompliziert. »Es ist schon schwierig genug, ein Kind zu finden, das schauspielern kann. Zwillinge zu finden, ist jedoch wirklich hart. Irgendwann waren wir an dem Punkt, dass wir nur ein Mädchen engagieren wollten, um dann Foto-Doubles und Splitscreens einzusetzen. Aber es gab so viele Szenen mit beiden zusammen, dass dies unmöglich war.« (Confidential, S. 67, Übers. d. Autors)
- Die Sally-Kendrik-Darstellerin Harriet Harris trat zwar leider nur einmal in *The X-File*s auf, war dafür aber später in zwei Folgen der von James Wong und Glen Morgan geschaffenen Military-Space-Serie *Space: Above and Beyond* zu sehen. Darüber hinaus spielte sie im

Spin-off *Millennium* in der Episode *Loin Like a Hunting Flame* die Rolle der Maureen Murphy.

FAZIT

Eve ist fast perfekt. Die Episode hat einen starken Mystery- und Horrorfaktor, wartet mit tollen Co-Stars auf und ist von Anfang bis Ende atmosphärisch. Die Geschichte ist gut durchdacht und bietet Unterhaltung auf höchstem erzählerischen und inszenatorischen Niveau. Die oben erwähnte kleine Kritik am Finale ist daher mehr als verschmerzbar und ohnehin reine Geschmackssache. Ansonsten dürfen die Autoren und Regisseur Fred Gerber stolz auf eine der besten Folgen der ersten Staffel sein.

DER KOLLEGE SAGT …

Beginnen wir mit dem Positiven: *Eve* ist definitiv eine der besten Episoden der ersten Staffel, und zudem gehört sie zu den Episoden, die man rückblickend vermutlich als Highlight gar nicht auf dem Schirm hat, beim Rewatch dann aber umso mehr überrascht. Wie beschrieben, macht es hier der Mix aus vielen gut gewählten Versatzstücken und der Umsetzung. Auch gefällt, dass man zuerst eindeutig in Richtung Alien-Folge gelenkt wird, wonach alles dann in eine andere Richtung abdriftet. Hier spielen die Macher sehr schön mit Mulders fast schon zwanghafter Logik, dass alles immer irgendwie mit Aliens zu tun haben muss. Gut gemacht! Auch sonst ist den Worten meines Kollegen an dieser Front nichts hinzuzufügen.

Ob diese Stärken jedoch darüber hinwegtäuschen sollten, dass der Episode in ihrer Gesamtheit ein wenig Fleisch auf den Rippen fehlt? Zeichnet sich die erste Hälfte der Geschichte durch wohldosierte Schockmomente, viele offene Fragen, gute Dialoge, Emotionen und dichte Atmosphäre aus, muss man die zweite Hälfte etwas kritischer hinterfragen. Der Schauplatz der Brummi-Raststätte wird ein wenig überreizt und für viel zu generische Handlungsfolgen genutzt, die zwar die Spannung halten, sie genau genommen aber nur vortäuschen und aus dem starken Fundament der ersten Hälfte saugen. Insbesondere fällt das natürlich bei der vom Kollegen angesprochenen Szene auf, in der ein beherzter Trucker den Mädchen helfen will. Gut gemeint, ja. Ein Klischee, ja. Aber vor allem irritiert das viel zu passive Verhalten der beiden Agenten. Scullys »Wir SIND die Polizei!« kommt natürlich erst, als die Mädchen wieder weg sind. Momente wie diesen gibt es mehrfach. So verhält sich Mulder angesichts der vergifteten Cola ebenfalls ungeschickt, warnt Scully viel zu atemlos und lässt die Mädchen dann auch noch flüchten. So rennt man hin und her um die LKW, trickst sich aus und schlägt die restliche Spielzeit tot. Am Ende schnappt Mulder die beiden natürlich, was dann wieder eine gelungene Überraschung darstellt, aber auch das Finale vorbereiten muss, in dem – und das ist wirklich schockierend – beide hinter Gittern sitzen und ihr weiteres Leben als Testobjekte fristen müssen. Schade, dass wir nie erfahren haben, was aus den Eves wurde.

Und ja, die genannten Kritikpunkte mögen allesamt als Jammern auf hohem Niveau durchgehen. Wenn wir jedoch über die Bestwertung für eine Fernsehfolge – und hier für eine *Akte X*-Folge – sprechen, darf man ruhig (weitestgehend) Perfektion erwarten. Diese fehlt *Eve* jedoch stellenweise, was sie zwar immer noch zu einer richtig guten und eben auch einer der besten des Debütjahres macht, ihr aber keinen Platz auf dem Olymp der besten X-Abenteuer einbringen sollte. Allein in diesem ersten Jahr laufen ihr da schon andere Abenteuer den Rang ab.

1.12

FIRE

(FEUER)

Küss die Hand, schöne Frau. Die Autoren lassen den bemitleidenswerten Mulder tumb-bräsig von der Flamme der Leidenschaft entzündet durch eine Geschichte taumeln, die schon ganz allein ausreichend Zündstoff bereitgehalten hätte.

INHALT

Als Phoebe Green, eine alte Studienfreundin und Ex-Freundin und mittlerweile Beamtin bei Scotland Yard, Mulder um Hilfe bittet, ist er sofort Feuer und Flamme. Das Problem: Ein britischer Diplomat wird durch einen Attentäter bedroht, der offensichtlich mit reiner Gedankenkraft tödliche Brände erzeugen kann …

STRUKTURELLES DILEMMA

Manchmal schaut man eine Episode und stellt sich grundsätzliche Fragen, anstatt in die eigentliche Geschichte einzutauchen. Das ist zumeist ein ganz schlechtes Zeichen. In diesem Fall liegt es jedoch leider auf der Hand. Auf der einen Seite haben wir hier einen Feuerteufel, der offenbar einer aristokratischen Familie folgt und irgendwann per Selbstentzündung sein krankes Spiel spielt. Dabei fällt zunehmend auf, dass Mark Sheppard zwar groß aufspielt und einen erinnerungswürdigen Bösewicht abgibt, wir uns ansonsten aber für niemanden auf der Opferseite interessieren, weil das Drehbuch eben genau das auch nicht tut. Denkt man an die emotionale Resonanz, die Max Fenig in *Fallen Angel* als Figur erzielte, wirkt hier alles irrelevant. Wer sind die Marsdens? Und warum sollten wir mit ihnen mitfiebern? Vakuum – und somit schon in der Grundkonzeption eine ganz schlechte Voraussetzung für eine gelungene Folge.

Der zweite Aspekt der Handlung liegt in der Betrachtung von Mulder als Privatperson. Während Scully Anfang der Staffel zum Kindergeburtstag gehen durfte und ein wenig erquickliches Date verlebte, taucht hier nun eine ehemalige Flamme ihres Partners auf, die offenkundig ein gewisses Interesse an einer Neuauflage ihres Techtelmechtels hat. Das Problem: Amanda Pays spielt die Phoebe Green von Beginn an nur wenig sympathisch und wirkt dabei fast wie eine groteske Anti-Scully. Man fragt sich so lange, was Mulder nur an ihr gefunden haben mag, dass man fast den Rest der Handlung dabei verpasst. Chris Carter hatte damals mit dem Gedanken gespielt, die Figur zurückzubringen. Schlimmer noch: Insgeheim überlegte man gar, ob Pays alias Green vielleicht als Ersatz für Scully geeignet wäre, da zu diesem Zeitpunkt längst noch nicht alle hinter den Kulissen von Gillian Anderson überzeugt waren. Nachdem er diese Episode gesehen hatte, kam Carter aber glücklicherweise selbst wieder davon ab. Ehrlicherweise stärkt der Auftritt von Green nur eine Figur: eben Scully. Gillian Anderson darf herrlich genervt spielen und dabei sogar ein paar Verhaltensweisen zeigen, denen eine gewisse Eifersucht innewohnen könnte. Klasse!

Ganz anders sieht es leider an der Mulder-Front aus. Es ist im Nachhinein schwierig zu sagen, was das Problem bei dieser Episode war; es wirkt jedoch, als hätten die Macher David Duchovny wie einen Kleiderständer in die verschiedenen Szenen gestellt und ihm nichts anderes gesagt als »Du bist verliebt wie Hulle, aber es ist kompliziert. Gib alles!« Duchovny gelingt es leider in der gesamten Folge nicht, irgendetwas davon auch nur im Ansatz umzusetzen. Das große Fragezeichen angesichts des Materials kann man im Grunde während der gesamten Folge auf seiner Stirn erkennen. Meist steht er fast teilnahmslos in der Gegend herum, wirkt sprachlos, verwirrt und vollkommen neben der Spur. Noch schlimmer: Er interessiert sich offenkundig nicht einmal für den Fall der Woche! Und als Duchovny die Chance auf eine Action-Szene erhält (Stichwort: Angst vor Feuer), spielt er diese ebenfalls wie auf Valium. Was eigentlich die Darstellung einer traumabedingten Schockstarre sein sollte, wirkt nur befremdlich. Manchmal sind Schauspieler eben wirklich nur so gut wie das Material oder die Führung durch den Regisseur. Hier scheint nichts davon gestimmt zu haben.

REINE VERMUTUNG

Denkt man jedoch zumindest einmal kurz darüber nach, was Autor Chris Carter mit seiner B-Handlung rund um Phoebe Green aussagen wollte, dann vielleicht, dass Mulder in Liebesdingen anfällig für selbstzerstörerisches Verhalten ist. Es wird nie ganz klar, warum die Beziehung scheiterte. Bastelt man sich die wenigen Versatzstücke (Sex auf dem Grab von Arthur Conan Doyle) und das Verhalten der beiden jedoch irgendwie selbst zusammen, könnte man auf den Gedanken kommen, dass Mulder sehr stark unter der Beziehung oder den Nachwehen gelitten hat und eine Neuauflage daher um jeden Preis vermeiden möchte. Dennoch ist die Anziehungskraft von Phoebe Green am Ende so groß, dass er ihr wieder verfällt – zumindest für einen Kuss. Nein, wir spüren weder von der Anziehungskraft noch von der Chemie irgendetwas, nicht im Geringsten. Es herrscht absolut tote Hose. Daher ist es am Ende auch konsequent, dass Duchovny alle Szenen spielt ein Roboter. Hier war wirklich nichts zu holen.

Was allerdings vielleicht noch gut an dieser Sache funktioniert, ist die Ähnlichkeit in den Motiven von Phoebe Green und Feuerteufel L'Ively, wenngleich das vielleicht nicht auf den ersten Blick auffällt. Ihre aufgewärmte Liebe zu Mulder ist aber genau genommen ebenso ichbezogen und zerstörerisch wie die Motive des Pyromanen. Es geht um unerfüllte, toxische Liebe. Man denke nur daran, dass Phoebe ihren Ex in einen Fall hineinzieht, der mit einem seiner schlimmsten Traumata zu tun hat: Feuer. Auch das spricht für eine toxische Person, deren Agenda man viel deutlicher hätte herausarbeiten können. Leider fehlt es dem Drehbuch dafür an allen Ecken und Enden an der nötigen Tiefe und Reife.

Denn seien wir ehrlich: Würde Sheppard nicht so wunderbar fies spielen, wäre seine Rolle ebenso blass wie alle anderen.

Seine Motive, seine Geschichte und sein düsteres Verlangen können wir nie greifen und wie vieles in dieser Dreiviertelstunde nur erraten. Das ist in der Summe einfach zu wenig.

Dennoch: Carter hat in seinem Drehbuch zumindest versucht, beide Gastcharaktere aus einer ähnlichen Richtung kommen zu lassen, wenn auch ohne Vertiefung des Themas oder größeren Erfolg. Schade, dass er sich nicht auf seinen primären Ansatz rund um den Feuerteufel und die Selbstentzündung verlassen und uns den Mulder-Quatsch erspart hat.

KURZ REFLEKTIERT

Und so ist es dann auch eine sonderbare Rezension, bei der wir ausführlich über darstellerische Leistungen, fehlende Tiefe im Drehbuch und blasse Charaktere sprechen und wie Autor Carter gar nicht dazu kommen, über das zu reden, was hier eigentlich im Zentrum stehen könnte: der Fall der Woche. Doch auf der anderen Seite: Warum sollten wir Carters Arbeit machen?

WISSENSWERTES

- Obwohl Chris Carter im Großen und Ganzen sehr zufrieden mit der Episode war, gelangte er dennoch zu der Ansicht, dass sie noch viel besser hätte werden können. Zwar gefiel ihm generell die Art, wie Regisseur Larry Shaw die Geschichte inszeniert hatte, fand aber im Nachhinein, dass sie sich nicht sehr homogen anfühlte. Zudem vermisste er einige Details.
- Ein Aspekt, den Chris Carter an der Episode besonders mochte, war die Möglichkeit, den Hintergrund von Fox Mulder näher beleuchten zu können, indem er eine seiner alten Ex-Freundinnen zurückbrachte.
- Funfact: Die von Dan Lett verkörperte Figur des Sir Malcolm Marsden wurde nach dem Hairstylisten der ersten zwei Staffeln der Serie benannt. Marsden verließ die Show nach der Episode *D.P.O. (Blitzschlag)*.
- Das Phänomen der spontanen menschlichen Selbstentzündung ist stark umstritten und wissenschaftlich recht

unwahrscheinlich. Bereits 1998 veröffentlichte der bekannte Kriminalbiologe Mark Benecke eine Arbeit, in der er feststellte, dass eine derartige Entzündung aufgrund der Tatsache, dass Menschen zum größten Teil aus Wasser bestehen und das im Körper vorhandene Fett und Methan nicht für so ein Phänomen ausreicht, sowohl physikalisch als auch chemisch unmöglich sei.

FAZIT

Viel Rauch um Nichts: *Fire* gehört zu den Folgen, die man am besten einfach nur wegkonsumiert und sich an den guten Effekten, dem stimmigen Score und Mark Sheppards Leistung erfreut. In diesem Fall bleibt uns immer noch eine mittelprächtige X-Akte, bei der man jedoch nie anfangen darf, tiefergehende Fragen zu stellen oder bei Mulders apathischem Verhalten genauer hinzuschauen.

DER KOLLEGE SAGT …

David Duchovny sagt über die Episode, dass sie nicht gerade sein schauspielerisches Meisterstück darstellt, und recht hat er. Gaststar Mark Sheppard, der hier als Bösewicht auftritt, spielt den Hauptdarsteller der Serie locker an die Wand. Hinzu kommt eine Amanda Pays, die keinerlei Sympathiepunkte zu sammeln vermag und bei der die Chemie zu Duchovny einfach nicht stimmt. Zudem gibt es einige auffällige Logiklücken, sodass *Fire* lediglich aufgrund der guten Idee, den Mythos der spontanen menschlichen Selbstentzündung auf die Spitze zu treiben, sowie Sheppards Leistung einen Platz im unteren Mittelfeld ergattern kann.

1.13

BEYOND THE SEA (DIE BOTSCHAFT)

Scully als Gläubige und Mulder als Skeptiker – und mittendrin ein Massenmörder mit übersinnlichen Fähigkeiten. Das sind die Zutaten für die bislang beste Folge der Staffel.

INHALT

Kurz nachdem zwei Jugendliche brutal vom Gelände einer Universität entführt werden, erhält Mulder aus dem Todestrakt eines Gefängnisses eine Nachricht des Serienkillers Luther Lee Boggs, der behauptet, aufgrund übersinnlicher Fähigkeiten bei der Aufklärung des Falls helfen zu können. Als Mulder während eines Besuchs in dessen Zelle glaubt, ihn als Schwindler überführt zu haben, offenbart Boggs plötzlich Kenntnisse über Scullys soeben verstorbenen Vater, über den er eigentlich nichts wissen kann. Je mehr Kontakt Dana zu Luther hat, desto mehr schwindet ihr Zweifel, bis es nach einem Tipp des Massenmörders zum Showdown mit dem Entführer kommt.

EIN MYSTERY-LEHRSTÜCK

Beyond the Sea ist ein Paradebeispiel dafür, wie man in Mystery-Serien mit übernatürlichen Erzählungen umgehen sollte. Die Geschichte wird spätestens von dem Moment an unheimlich, als Dana ihren vor einer Stunde verstorbenen Vater auf einem Sessel sitzend in ihrem Schlafzimmer sieht. Allein diese Szene ist schon aller Ehren wert, doch sie bereitet uns keineswegs auf die folgenden Minuten vor. Eingebettet in einen spannungsvollen Thriller-Plot tritt im Todestrakt eines Gefängnisses der Serienkiller Luther Lee Boggs auf den Plan, der von nun an für einen Gruselmoment nach dem anderen sorgt. Auch nach 30 Jahren hat die Episode dank des genial aufspielenden Brad Dourif nichts von ihrer Kraft verloren. Dourif fährt die gesamte Palette seines schauspielerischen Könnens auf und präsentiert uns einen zutiefst verstörenden Mann, der sich seiner Schuld sehr wohl bewusst ist und panische Angst davor hat, in der Hölle zu schmoren. Die Szenen, in denen er in die Gaskammer geführt wird und den Seelen der von ihm ermordeten Menschen begegnet, sind sowohl hohe Schreib- als auch Regie- und Schauspielkunst. Beinahe möchte man Boggs aufgrund seiner Erlebnisse während der ersten – im letzten Augenblick verschobenen – Hinrichtung bemitleiden. Aber eben nur fast, weil man sich nie ganz sicher sein kann, ob er einen intelligent geplanten Mummenschanz aufführt oder doch hellsichtig ist und mit den Toten kommuniziert.

Die Zweifel werden über die gesamte Episode hinweg immer wieder neu geschürt, selbst dann, als das Publikum erfährt, wer der Entführer ist und was ihn antreibt. Das Spannende ist dabei, dass es im Grunde genommen genug Hinweise auf Boggs' Fähigkeiten gibt, die von Dourif nebenbei erwähnt mit viel Fingerspitzengefühl für die richtige Mimik und Gestik vorgetragen werden. Doch gerade das letztliche Nichtwissen, das James Wong und Glen Morgan bis zum letzten Moment auf so brillante Weise durchziehen, ergibt im Endergebnis eine psychologisch tiefgehende und aufwühlende Geschichte, wie sie bis dato in *The X-Files* einzigartig war.

DANAS DAD

Werfen wir abschließend noch einen Blick auf Danas Figurenentwicklung, die in der Episode übrigens grandios von Gillian Anderson vorgetragen wird. Offensichtlich von ihren Eltern geliebt, fällt es ihr jedoch schwer zu akzeptieren, dass ihr Vater sich eine Laufbahn als Ärztin für sie vorstellt. Dieses Wissen belastet sie schwer, vor allem nach seinem Tod, weil sie sich nichts sehnlicher als eine Liebesbekundung von ihm gewünscht hätte. Das schreit geradezu nach einem Vaterkomplex, der während der Beerdigung in einem ersten emotionalen Höhepunkt kulminiert. Dana fragt ihre Mutter, ob er stolz auf sie gewesen sei, und sie antwortet daraufhin mehr oder weniger ausweichend: »Er war dein Vater.« Das ist ein vielseitig interpretierbarer Satz, der Scullys tiefverwurzeltes Bedürfnis natürlich nicht befriedigen kann, was sie empfänglich für Boggs' Fähigkeiten macht. Als Boggs wie aus dem Nichts heraus den Song *Beyond the Sea* singt, ist dies entsprechend ein beängstigender und verwirrender Moment sowohl für die trauernde Tochter als auch für das Publikum. Dieser starke narrative Ansatz macht den Wandel von der beinharten Skeptikerin zur Bekennenden genauso glaubwürdig wie Mulders Verhalten, der in der Episode zum Zweifler avanciert und sie zu schützen versucht. Hätte sich Dana auf das Spiel um Leben und Tod mit einem Serienkiller eingelassen, wenn ihr Vater ihre drängendste Frage beantwortet hätte? Oder wenn wenigstens ihre Mutter während der Beerdigung eine klare Aussage getätigt hätte? Wir wissen es nicht. Doch gerade solche Fragen, die sich im Subtext ergeben, machen *Beyond the Sea* noch stärker, als die Folge ohnehin schon ist.

WISSENSWERTES

- Brad Dourif war Chris Carters Wunschkandidat für die Rolle des Luther Lee Boggs. Da Dourif dem Studio aber zu teuer war, lehnte man Carters Bitte zunächst ab. Carter rief Peter Roth an, der an Thanksgiving gerade beim Essen zu Tisch saß und dem Engagement sehr schnell zustimmte.
- Chris Carter war sehr stolz auf das Endresultat, zeigte sich aber nicht sehr glücklich darüber, dass die Geschichte des Öfteren mit dem Thriller-Klassiker *Silence of the Lambs (Das Schweigen der Lämmer)* verglichen wird: »Ich hoffe, dass die Leute das nicht so sehen, denn ich habe versucht, das so gut wie möglich zu vermeiden.« (Confidential Second Edition, S. 59, Übers. d. Autors).
- Carter und Regisseur David Nutter sind der Ansicht, dass *Beyond the Sea* sowohl Gillian Andersons Spiel als auch die Figur der Dana Scully voranbrachte. Nutter: »Ich glaube, diese Folge führte dazu, dass das Publikum Scully nun anders sieht. Die Geschichte brachte eine neue Di-

mension in die Figur ein und hatte einen großen Einfluss auf sie als Person.« (ebd. Übers. d. Autors)

- David Nutter ist für Philes alles andere als ein Unbekannter. Er führte in 14 Episoden von *The X-Files* sowie in vier Folgen des Spin-offs *Millenium* Regie. Außerdem saß er bei zwei Folgen von *Space: Above and Beyond* im Regiestuhl.
- Im *The Ultimate Guide to the X-Files* von Entertainment Weekly belegt *Beyond the Sea* den dritten Platz der bestbewerteten Episoden der ersten Staffel.

FAZIT

Jeder Cent der Mehrausgaben für Brad Dourif hat sich gelohnt. Welch ein Schauspieler! Was für eine Bandbreite dieser Mann doch hat. An seiner Seite spielt sich die damals noch recht unerfahrene Gillian Anderson endlich frei und in die Herzen der Studiobosse sowie des Publikums. Wie schade wäre es gewesen, wenn sie durch Amanda Pays (vgl. hierzu *Fire)* ersetzt worden wäre. Hinzu kommt eine faszinierende Mysterygeschichte mit starken Thrillerelementen, Suspense ohne Ende und eine Exposition vom Feinsten. Und on top gibt es noch einen Gastauftritt von Don S. Davies alias Major General Hammond aus *Stargate SG-1*. Das verdient die Bestnote.

DER KOLLEGE SAGT ...

Todesstrafe, Hellsichtigkeit, Tod des Vaters einer Hauptfigur, Entführung von jungen Leuten. Puh. Wirft man derart viele Motive in eine einzige Episode, kann das eigentlich nur schiefgehen. Eigentlich. Denn hier ist – wie der Kollege bereits ausführlich dargelegt hat – exakt das Gegenteil passiert.

Das Drehbuch hält alle Elemente fest miteinander verwoben, begeistert durch grandiose Szenen und gibt Brad Dourif und vor allem Gillian Anderson Chance um Chance, gänsehautfördernd aufzuspielen. Insbesondere letztere beweist hier, zu welcher Bandbreite sie fähig ist, und fördert Emotionen zutage, von denen wir bisher noch nichts wussten. Doch auch das Zusammenspiel mit Duchovny gefällt, der empathisch und rührend besorgt auftritt und ebenfalls eine andere Seite zeigen kann. Womit wir auch beim letzten relevanten Punkt wären: Dana Scully, die aus einer durchaus gottesgläubigen Familie stammt, jedoch oft nichts mit Mulders Glauben an das Übernatürliche anfangen kann, erlebt auf sehr persönliche Weise, wie sehr ein einschneidendes Erlebnis (hier der Tod ihres Vaters, bei Mulder das Verschwinden seiner Schwester) die Sichtweise ändern kann, wenn auch hier noch vorübergehend. Plötzlich möchte Scully glauben, geht Hinweisen nach, verbeißt sich und versteht ihren Kollegen in Zukunft sicher etwas besser, auch wenn der Status Quo der Serie mit ihr als Skeptikerin natürlich weiter gewahrt bleiben muss. Mulder hingegen, der in diesem Fall Vorwissen und eine klare Abneigung gegenüber Boggs besitzt, möchte sie vor dem Glauben schützen. Wie sagt er so schön sinngemäß: Glauben Sie nur, wenn es wahr ist. Ein – wenn man ehrlich ist – fast schon groteskes Statement von einem Mann, der sonst bereit ist, nahezu alles erst einmal für möglich zu halten. In der Summe ist *Beyond the Sea* eine nahezu perfekte TV-Episode, die von der ersten Sekunde an mitreißt und nicht loslässt. Um es noch einmal zu betonen: Die Szene vom Beginn, als Danas Vater im Sessel sitzt, den Mund bewegt, aber nicht zu hören ist, gehört zum Besten, was je in *Akte X* zu sehen war. Bleibt die Frage offen, warum Scully am Ende die Chance nicht ergreift, sich von Boggs die vermeintliche Nachricht überbringen zu lassen. Hier gehen die Autoren auf den Satz ihrer Mutter zurück, der zunächst ein wenig zu vage klingt. Doch steckt in ihm natürlich die Antwort. Dana wusste immer, wie ihr Vater fühlt, auch wenn er offenbar zu den Menschen gehörte, die es nicht deutlich sagen konnten. Sie lebt in dem Wissen weiter, dass ihr Vater natürlich stolz auf sie war. Dafür braucht sie keinen hellsichtigen Mann aus dem Todestrakt. Dafür braucht sie nur ihren eigenen Glauben an die Familie und die Liebe ihrer Eltern. Und das ist doch eine wunderschöne Message für eine wunderbar melancholische und spannende Dreiviertelstunde, oder nicht?

1.14

GENDER BENDER (VERLOCKUNGEN)

Schon Sir Winston Churchill wusste: »Erfolg besteht darin, von Fehlschlag zu Fehlschlag zu gehen, ohne seine Begeisterung zu verlieren.« Nun kann man der Serie nicht gerade eine hohe Fehlschlagtaktung vorwerfen; diesen hier galt es im ersten Jahr aber definitiv zu überstehen. Da konnten auch all der Sex und die treuen Blicke von Bruder Andrew nichts ausrichten.

INHALT

Mulder und Scully untersuchen eine äußerst rätselhafte Mordserie, bei der die Opfer nach einer leidenschaftlichen Liebesnacht ohne äußere Gewalteinwirkung sterben. Da die Morde lange zurückreichen, führt ihre Spur sie zu den Kindred, einer Sekte in einem kleinen Dorf in Massachusetts, die Technik ablehnt und ein isoliertes Leben auf einer Farm führt …

KONTRASTE

Es ist nicht ganz einfach, einen Zugang zu *Gender Bender* zu finden. Fragt man sich nämlich, was der Fokus der Autoren in ihrer Geschichte war, führt das nicht zu zufriedenstellenden Erkenntnissen. Einerseits führen sie uns das wilde Stadtleben der 90er-Jahre vor (wo im immer gleichen Club der immer gleiche Song gespielt wird), andererseits präsentieren sie eine isolierte Gemeinschaft (die mit den Amish People verglichen wird), die auf Strom und Technik verzichtet und offenbar seit mindestens sechs Jahrzehnten friedlich (!) in der Nähe von Massachusetts lebt. Regisseur Rob Bowman führte im *X-Files Confidential* zu dieser offenkundigen Diskrepanz, die durch harte Schnitte betont wird, aus, dass *Gender Bender* als Low-Tech-Episode konzipiert war, die den Kontrast zwischen dem primitiven Farm- und dem Stadtleben bewusst in den Vordergrund schob. Der Ansatz klingt auf dem Papier vermutlich besser, als er hier umgesetzt wurde. Probleme in der Konzeption der Geschichte gibt es nämlich leider reichlich.

ES GIBT MÄNNER UND FRAUEN

Beginnen wir mit dem dicksten Elefanten im Raum: Dana Scully. Nein, dabei handelt es sich nicht um einen Ausbruch von Bodyshaming, sondern um das genaue Gegenteil. Scully wird hier zum Opfer einer Geschichte, die ein Kind ihrer Zeit ist, ein Kind der wilden 90er-Jahre. Zwar reißt der Formwandler als Frau Männer auf; Scully muss jedoch dafür herhalten, liebestrunken von den Berührungen des Kindred Andrew passiv und hilflos zu agieren. Nur Mulder, der starke Mann an ihrer Seite, kann da noch helfen. Leider tut man Gillian Anderson mit diesen Szenen keinen Gefallen, weil sie nach der starken Performance zuletzt in *Beyond the Sea* hier nun nicht zu wissen scheint, wie sie die Momente der Schockstarre spielen soll. Somit machen die Autoren ihre Hauptfigur zum belämmert dreinblickenden, stammelnden Daueropfer der Folge und werden ihr damit überhaupt nicht gerecht.

Man erkennt das Alter der Episode auch an dem herrlich aus der Zeit gefallenen Satz des einen Opfers: »Und in der Clubszene war mal alles so einfach.«

Er spielt darauf an, dass sich sein zunächst weiblicher Flirt am Ende als Mann herausstellt. Doch damals, Mulder weist uns sogar explizit darauf hin, ging es im Denken der meisten Menschen nur um »Männlein oder Weiblein«. Heute sind wir in dieser Hinsicht natürlich viel weiter, gerade was sexuelle

Identität und das offene Ausleben derselben angeht. Und vergessen wir nicht: Schon damals war Transgender lange ein Thema in der Gesellschaft. Der Satz des Clubgastes wirkt also, wenn man ehrlich ist, wie aus einem längst vergangenen Jahrhundert.

UND ES GIBT DIE KINDRED

Und dann sind da die Kindred. Wir erfahren, dass sie (mindestens) seit den 30er-Jahren ihr abgeschiedenes Leben führen, ohne je negativ aufgefallen zu sein. Im Gegenteil: Sie scheinen im kleinen Dorf nicht unwillkommen zu sein, wenngleich sie offenkundig unter sich bleiben wollen.

Dennoch rückt die Episode sie sofort in den Fokus bezüglich der Morde. Ihre Andersartigkeit wird relativ offen und unsensibel mit negativen Emotionen belegt. Wir sollen uns, wie Mulder und Scully, vorstellen können, dass mit den Kindred irgendetwas nicht stimmt. Das geschieht natürlich auch mangels anderer Alternativen. Alles schießt sich auf sie ein. Der Tenor scheint zu sein: »Die reden wenig, die kleiden sich komisch, die machen ihr Ding, die sind irgendwie verdächtig.« Nein, das ist weder eine gelungene Darstellung, noch war das vor dreißig Jahren zeitgemäß. Hier fehlte den Autoren schlicht die Vision, das Augenmaß und die Empathie (oder sogar der Respekt) für ihr eigenes Setting. Da hilft es natürlich nur wenig, dass Mulder und Scully so wenig auf die Bräuche und Regeln eingehen und quasi stellvertretend für uns schockiert aus der Wäsche gucken. Dabei passiert hier lange Zeit gar nichts. Wir bekommen nur eine andere Lebensweise vorgeführt, die es zu respektieren gilt. Weil die Verbindung zwischen Morden in der Großstadt und Landleben aber von vornherein feststeht, wird auf diesen Aspekt nicht eingegangen.

Am Ende stehen Mulder und Scully dann (man muss fast sagen: zu allem Überfluss) mitten in einem Kornkreis. Dass die Episode mit ihrem abrupten Ende an einen Coitus Interruptus erinnert, ist (trotz der Sex-Thematik) vermutlich reiner Zufall. Die Autoren werfen uns mit dieser Enthüllung (die sich nie und nimmer angedeutet hatte) aber final noch einen

Brocken hin, dessen Intention nur sein kann, die Kindred als Aliens zu entlarven. Hatten sie ihr Raumschiff die ganze Zeit über im Kornfeld geparkt? Oder wurden sie abgeholt, weil es auf der Erde zu unsicher wurde? War es unvermeidlich, weil sie ihren Abtrünnigen schützen wollten oder nicht in den Griff bekamen? Sind die Ermittlungen von Mulder und Scully nach über sechs Jahrzehnten wirklich ein ausreichender Grund, so schnell abzureisen? Fragen über Fragen, die hier natürlich niemand beantworten will.

Doch damit nicht genug. Das Ende bringt noch ganz andere Themen mit sich. Wenn die Kindred jetzt so überstürzt aufbrechen, darf man nämlich auch fragen: Was haben sie jahrzehntelang auf der Erde gemacht? Was haben sie *überhaupt* gemacht? Ihr Alltag auf dem Hof wirkt nicht wie eine geheime Beobachtungsbasis, ihre Rituale lassen eher auf eine echte Gemeinschaft mit eigenen Regeln und Vorgehensweisen schließen. Handelt es sich also um Aliens, die viele Jahrzehnte das Farmleben der Erde kennenlernen wollten? Oder gibt es eine geheime Agenda, von der wir nichts erfahren dürfen?

Es ist nichts dagegen einzuwenden, offene Fragen stehen zu lassen – *Akte X* ist in dieser Disziplin schließlich oft sehr erfolgreich – doch sollte man zumindest eine vage Ahnung bekommen dürfen, worauf die Autoren mit ihrer Erzählung hinaus wollen. In diesem Fall ist es leider so, dass man, je mehr man fragt, nur noch verwirrter wird.

Warum beerdigen die Kindred zum Beispiel ihre Toten in der unterirdischen Kammer, reiben sie vorher ein und lassen sie dann offenbar das Geschlecht wechseln, um neu geboren zu werden? Es ist schließlich so, dass sie scheinbar ohnehin das Geschlecht wechseln können. Warum also diese Todeszeremonie? Auch hier scheint den Machern der Effekt der gruseligen Gemeinschaft im Keller wichtiger gewesen zu sein, als irgendeine Aussage zu treffen.

FINALE HERLEITUNG

Da die Autoren uns also in der Summe kaum etwas Belastbares zu erzählen haben und wir es daher mit einer Geschichte zu tun haben, deren Unterhaltungswert nur mit ausgeschaltetem Gehirn zum Tragen kommt, erlauben wir uns abschließend eine eigene Theorie. Nicht-Trekkies müssen an dieser Stelle jedoch ganz stark sein.

Die Kindred gehören zum Dominion und sind Teil der Großen Verbindung. Sie wurden auf die Erde der Vergangenheit geschickt, um die Menschheit auszukundschaften. Wir haben es hier also mit einem *Star Trek*-Crossover und einer unerwarteten Backstory für die Formwandler aus dem Gamma-Quadranten zu tun. Dass ihre Forschungen offenbar im späteren Dominion-Krieg kaum von Nutzen waren, lassen wir mal außen vor. Es kann ja nicht alles klappen. Vielleicht haben sie einfach zu viel Freude am Farmleben und dem Daumenreiben auf Menschenhänden entwickelt und ihre eigentliche Agenda über die Jahrzehnte vergessen?

Wer sich nun fragt, wie die Gemeinschaft am Ende den Planeten verlassen konnte, erhält ebenfalls noch eine simple Antwort: Die unterirdischen Gänge waren in Wirklichkeit ihr getarntes Raumschiff. Und weil sie ihre Eimer vergessen hatten, mussten sie nach dem Start nochmal zurückkommen und kurz im Kornfeld parken.

Nein, das klingt nicht wie eine bessere X-Akte als die, die wir hier zu sehen bekommen, es ist aber immerhin ein Versuch, die Vorgänge irgendwie zu erklären. Und das ist leider mehr, als die Drehbuchautoren von *Gender Bender* leisten wollten – oder konnten.

WISSENSWERTES

- Die von den Zwillingen Larry und Paul Barber geschriebene Episode erfuhr mehrere konzeptuelle Änderungen sowohl während des Schreibprozesses als auch am finalen Drehbuch.
- Nicholas Lea taucht hier erstmals in der Serie als Opfer auf. Seine Leistung beeindruckte die Verantwortlichen so sehr, dass sie sich seinen Namen merkten und ihn schließlich zurückbrachten: in der Rolle des Agent Alex Krycek.
- Bevor Rob Bowman zu *The X-Files* kam, hatte er in dreizehn Episoden von *Star Trek: The Next Generation* Re-

gie geführt, darunter auch bei der beliebten Folge *Q Who (Zeitsprung mit Q)*.

- Schauspielerin Kate Twa war auch in Staffel zwei in der Episode *Soft Light (Das Experiment)* als Detective Kelly Ryan zu sehen.
- Während Chris Carter das Ende der Show mochte, war Glen Wong hingegen der Meinung, das Finale wäre zu schnell gewesen. Zudem empfand er die auf UFOs hinweisenden Kornkreise als zu krampfhaft in den Plot eingeschoben.

FAZIT

Wenn man *Gender Bender* unbedingt irgendetwas zugutehalten möchte, dann ist es die Inszenierung der Stimmung im Wald und auf der Farm der Kindred. Das ist jedoch viel zu wenig. Die Geschichte weiß zu keinem Zeitpunkt, was sie will, viele Szenen sind mit dem Abstand von dreißig Jahren noch peinlicher als damals schon, Scully wird für die Damsel-in-Distress-Rolle verbraten, und durch die Löcher im Drehbuch hätte man mit dem Raumschiff der Aliens locker hindurchfliegen können. Da kann Bruder Andrew noch so lange die Hand der Autoren dieses Buches reiben: *Gender Bender* ist ein absoluter Tiefpunkt der ersten Staffel.

DER KOLLEGE SAGT ...

Die Folge *Gender Bender* hat ihre wenigen starken Momente ... aber auch ihre vielen schwachen. Die Geschichte ist mysteriös, und die Idee, dass die Kindred Formwandler sind, recht speziell. Die kleinen feinen Mystery-Szenen und Horroranspielungen sorgen zudem bisweilen für einen gewissen Unterhaltungswert. Was das Ganze aber nun mit Sex und Pheromonen zu tun hat, erschließt sich aus dem Kontext der Episode nicht wirklich. Das Finale mit dem Verweis auf die damals gerade brandaktuellen Kornkreise ist außerdem zu viel des Guten, weshalb die Geschichte letztlich wie mit der heißen Nadel gestrickt daherkommt. Hinzu kommt die aus heutiger Sicht reichlich überholte Sicht auf Scully, die in der Episode zum hilflosen Opfer stilisiert wird und auch sonst nicht besonders gut wegkommt.

1.15

LAZARUS

(LAZARUS)

Der Glaube und die Liebe können Berge versetzen. Aber auch eine Seele? Wenn es nach Chris Carter, Alex Gansa und Howard Gordon geht, auf jeden Fall.

INHALT

Scullys Kollege und Ex-Geliebter Jack Willis und Bankräuber Dupre werden während eines schiefgelaufenen Banküberfalls lebensgefährlich verletzt. Als Jack für tot erklärt wird, mischt sich Dana ein und befiehlt Wiederbelebungsmaßnahmen, bis die Ärzte wieder einen Puls und Herzschlag messen können. Die Ermittlerin ist erleichtert, muss jedoch bald schon feststellen, dass Willis nicht mehr der ist, der er war. Ist die Seele des eiskalten Gangsters in den FBI-Agenten gefahren, als beide gleichzeitig starben?

ÜBERSINNLICHES

Lazarus beruft sich auf drei große Themenkomplexe. Der Episodentitel ist der Bibel, genauer gesagt dem Johannes-Evangelium Kapitel 11.1 bis 11.44 entnommen. Der Text erzählt die Geschichte des Lazarus, der starb, um von Jesus mit den Worten »Komm heraus« wiedererweckt zu werden. Wie in der Heiligen Schrift muss sich Dana einer Glaubensprüfung unterziehen. Dabei bleibt sie selbst dann zunächst skeptisch, als der hübsch abgeklärt von Jay Brazeau gespielte Dr. Varnes ihr erklärt:

»Die verstärkte elektrische Aktivität in ihren Körpern (dem von Menschen mit Nahtoderfahrungen, Anm. d. Autors) lässt ihre Uhren falsch gehen. Ich weiß natürlich, dass es verrückt klingt, aber jeder Biologe bestätigt Ihnen: Wenn Zellen sterben und das genetische Material sich aufzulösen beginnt, wird enorme Energie freigesetzt.«

Damit kommen wir zum zweiten Phänomen, nämlich jenem der Nahtoderfahrung, die in dieser an sich gut gemeinten, aber nicht sehr runden Episode eine Rolle spielt. Als dritte Komponente bringen die Autoren schließlich die Seelenwanderung ins Spiel, die hier im Ansatz als eine Art »dunkle Platon'sche Seelenlehre« gedacht ist. Wie in der Episode war für den griechischen Philosophen die Seele unsterblich. Die schlechten von ihnen schlichen aus Furcht vor der Geisterwelt in der Nähe von Gräbern herum, immer darauf bedacht, den Körper eines Lebenden zu übernehmen, um nicht der ewigen Unsichtbarkeit anheimzufallen. Etwas Ähnliches geschieht in *Lazarus*, wenngleich sich der Gangster Dupre wohl eher des erstbesten Körpers bedient, der sich ihm bietet.

TEASER-KUNST

Aus der Verknüpfung dieser drei Modelle ergibt sich eine Mysterygeschichte um die Seelenwanderung eines Gangsters, der mit seiner Geliebten in Bonnie-und-Clyde-Manier das Land unsicher macht. Entsprechend beginnt die Episode wie ein ganz gewöhnlicher Krimi. Scully und ihr Kollege postieren sich in Erwartung eines Überfalls in einer Bank und warten darauf, dass es endlich losgeht. Kaum ist Dupre (Jason Schombing) in die Bank gestürmt, schnappt die Falle zu; der Räuber wurde offensichtlich verraten. Trotz einer erdrückenden Übermacht ergibt er sich jedoch nicht, sondern erschießt in einer kurzen, aber knackigen Actionsequenz Scullys Kollegen und – wie wir später erfahren – Ex-Liebhaber Jack (Christopher Allport).

Die sich anschließende Szene im Krankenhaus ist Drama pur. Ein Ärzteteam versucht auf Danas Anweisung hin verzweifelt, den sterbenden FBI-Agenten per Defibrillator ins Leben zurückzuholen. Nun wird es gespenstisch, denn jede Entladung ruft eine Reaktion bei dem ebenfalls sterbenden Dupre hervor. Als der Bankräuber endgültig das Leben aushaucht und Jacks Herz und Puls gleichzeitig wieder zu schlagen beginnen, ist klar, dass gerade etwas Übersinnliches geschehen ist. Denn Dupres Drachentätowierung (wie wir später erfahren, wurde er im chinesischen Tierkreiszeichen des Drachen geboren) verblasst plötzlich grundlos. Das alles spielt sich in den ersten vier Minuten des Teasers ab, eine tolle Leistung.

KILLER-MIMIK

Spätestens als Willis nach dem Intro erwacht, sich im Nebenzimmer Kleidung besorgt und beinahe die arme Krankenschwester erdrosselt, weiß dann aber auch so ziemlich der letzte Zuschauende, dass die Seele Dupres in den FBI-Agenten gefahren ist. Leider muss man retrospektiv resümieren, dass es Christopher Allport nicht in jeder Hinsicht gelingt, überzeugend einen Schwerverbrecher zu geben. Seine Mimik kommt bisweilen arg bemüht daher, und überhaupt wirkt er insgesamt steif und hölzern. Ähnliches lässt sich übrigens über Ced Verell sagen, die Dupres Geliebte und Partnerin in Crime Lula Phillips spielt. Die US-amerikanische Aktrice blickt manchmal so übertrieben kaltblütig drein, dass man ihr die Killerin einfach nicht mehr wirklich abnehmen kann und will. Das ist umso mehr schade, da die Geschichte grundsätzlich spannend sein könnte und einige nette Gänsehautmomente bereithält.

MULDER BETRITT DIE BÜHNE

Doch kommen wir zurück zu Mulder, der erst bei Minute 7:15 die Bühne betritt und seinem Spitznamen ›Spooky‹ unmittelbar alle Ehre macht. Denn schnell wittert er einen neuen X-Akten-Fall und behält natürlich recht. Entsprechend fragt er Scully:

»Zwei Männer sind zur selben Zeit gestorben, Scully, einer ist zurückgekommen. Die Frage ist: welcher von beiden?«

Um jene auch tatsächlich zweifelsfrei zu beantworten, belässt es das Autorentrio Carter/Gansa/Gordon nicht bei einigen Dialogen und einem Besuch bei einem Experten, sondern zeigt uns zudem die körperlichen Veränderungen von Willis. Das Drachentattoo materialisiert nämlich an derselben Stelle, an der Dupre es zuvor trug. Anders als für die eigentliche Seelenwanderung liefert man uns jedoch leider keine Erklärung für das Phänomen. Das ist durchaus schade, zumal ein wenig »Paranormalbabble« der Story an dieser Stelle zupassgekommen wäre. So muss man die übersinnliche Kröte einfach schlucken, wobei die Frage erlaubt sein darf, wozu das Ganze, abgesehen von einem beabsichtigten Staunmoment, eigentlich diente. In Anbetracht des Storyaufbaus und der bis hierher an das Publikum herangetragenen Informationen erschließt sich die narrative Funktion der Szene jedenfalls nicht.

WER SUCHET, DER FINDET

Der Rest der Episode geht schließlich für Dupres, pardon Willis' … oder doch Dupres? … Suche nach seiner über alles geliebten Lula drauf, wegen der er quasi aus der Schattenwelt zurückkehrte. Dass er dafür in die Identität des toten Agenten schlüpft und mit Scully ein Verwirrspiel beginnt, das in ihrer Entführung gipfelt, bringt dramaturgisch betrachtet Tempo in die Erzählung. So lenkt man unseren Blick allmählich auf das große, aber nur leidlich gute Finale. Denn nun greift endlich der Twist, dass Lula Dupre verriet, um sich mit der Beute ohne ihn aus dem Staub zu machen. Sie hat ihn nie geliebt und nutzt die Tatsache, dass Willis Diabetiker war und sein Körper aufgrund übermäßigen Cola-Konsums auf einen Zuckerschock zusteuert, kaltherzig aus. Die Episode endet mit dem vorhersehbaren Finale, dass er sie mit seinem letzten Atemzug erschießt, wobei die Seele des Gauners den Körper des soeben verstorbenen Agenten verlässt.

UNSTIMMIGKEITEN

Lazarus hat, wie oben bereits bemerkt, mit einigen inhaltlichen Unstimmigkeiten zu kämpfen. Eine davon bezieht sich auf die Übernahme von Willis' Körper durch Dupres Seele. Die Geschichte deutet in Form von persönlichen Flashbacks mehrfach an, dass die geistigen Essenzen der beiden Kontrahenten in Jacks Körper um die Vorherrschaft kämpfen. Doch wie ist das möglich? Schließlich impliziert die Übertragung der Tätowierung eine besondere Fähigkeit ihres Trägers, die möglicherweise sogar direkt mit dem Körperschmuck zusammenhängt. Was geschieht hier also? Übernimmt der eine Geist den im Körper des anderen vorhandenen und drängt diesen zurück, oder ist der andere bereits zu Beginn der Folge in den Leichnam gefahren und gestorben? Fragen über Fragen, die uns unbefriedigt zurücklassen.

WISSENSWERTES

- Chris Carter mochte die Episode und war der Ansicht, dass sie grandios gespielt sei.
- David Nutter über die Folge: »Der Schlüssel war das Pacing. Die Episode benötigte genau das Gegenteil von *Beyond the Sea.* Ich dachte, dass wir ein hohes Maß an Bewegung brauchten. […] Das Skript war nicht besonders komplex, es handelte sich vielmehr um eine schlichte, geradlinige Geschichte.«
- In *Lazarus* erfuhr die Zuschauerschaft endlich, dass Dana am 23. Februar Geburtstag hat. Bis zur Enthüllung

ihres Geburtsjahres sollte allerdings noch einige Zeit vergehen. Dieses verraten die Macher erst in Staffel zwei.

- In dieser Episode wird Scully zum ersten Mal entführt. Es wird nicht das letzte Mal sein.
- Der Bankraub wurde in der Bank of Montreal in Vancouver kurz vor Weihnachten gefilmt. Aufgrund der gerade gedrehten Actionszenen und des aggressiven Kreischens von Schauspieler Jason Schombing alias Dupre dachten einige Menschen, dort fände gerade tatsächlich ein Bankraub statt.
- Das in der Episode angesprochene Phänomen der Energiefreisetzung im Augenblick des Todes existiert tatsächlich und ist unter dem Fachbegriff Entladungswelle (Spreading Depolarization) bekannt.
- Funfact: Die deutsche Stimme von Jack Willis gehört Norbert Langer, den man unter anderem auch als Magnum kennt. Langer ist noch in sieben weiteren Rollen in der Serie zu hören.

FAZIT

Lazarus hat seine unterhaltsamen Momente und bezieht spannende esoterische, philosophische und religiöse Themen in die Geschichte ein, die zwar Spaß machen, aber nicht wirklich zu Ende gedacht sind. Dadurch wirkt die Erzählung letztlich unausgegoren und wenig stimmig. Hinzu kommen Gaststars, die einen überforderten Eindruck mit Schüben von klassischem Overacting (inklusive zähnefletschender Bösewichtin) hinterlassen, sowie eine Scully, die sich nicht entscheiden kann, ob sie kritisch, verblendet oder einfach nur naiv sein will.

DER KOLLEGE SAGT …

Es ist wohl wieder einmal an der Zeit für einen Einspruch. Zweifellos ist die Episode kein kreatives Glanzstück; das muss aber auch nicht jedes Mal der Fall sein. Sie ist dafür jedoch durchweg spannend geschrieben und inszeniert, verbindet den Fall geschickt mit der persönlichen Geschichte einer der beiden Hauptfiguren, ohne dabei zu rührselig zu werden, und kann zudem auf ein hohes Tempo und eine gelungene Atmosphäre bauen. Im Gegensatz zum Kollegen gehen für mich sogar die schauspielerischen Leistungen absolut in Ordnung. Insbesondere die Kritik an Christopher Allport halte ich für überzogen. Er muss zwei Charaktere nacheinander spielen und meistert das ohne Mühe und größere Aussetzer. Ced Verell fällt als Lula weder positiv noch negativ auf, die fiese Gaunerin nimmt man ihr aber dennoch ab. Alles könnte also so weit gelungen sein, wenn da nicht ein Aspekt wäre, der wirklich zu Kritik Anlass gibt. Der Hinweis auf den Seelenwechsel per Tattoo ist derart plump, dass man befürchten muss, es handele sich dabei um den berühmten Holzhammer, damit es jeder versteht. Allerdings geht dadurch jede Subtilität flöten. Fast muss man annehmen, dass der Gauner mit dem Tattoo eine besondere Fähigkeit besitzt. Das wird jedoch nie thematisiert oder weiter angedeutet. Denn warum sollte bei einer verirrten Seele im falschen Körper ein Tattoo »nachwachsen«? Wenn innerhalb einer Serie, die zum Absurden und Grotesken neigt, Dinge schlicht zu unerklärlich wirken, sodass nicht einmal Fans sie schlucken wollen, ist das Drehbuch definitiv falsch abgebogen. Ohne Tattoo-Effekthascherei hätte man viel besser rätseln können, was hier eigentlich wirklich vor sich geht. Ist die Seele von Jack Willis noch da? Wird sie unterdrückt? Gab es einen inneren Kampf? Somit haben sich die Macher am Ende durch ihren visuellen Gag einer schlüssigeren Geschichte beraubt. Der Rest unterhält aber dennoch problemlos.

1.16

YOUNG AT HEART
(EWIGE JUGEND)

Dank des Toten mit der Salamanderhand lernt Mulder die Vorzüge von Alter und Weisheit zu schätzen, Scully muss ausnahmsweise nicht allein zum Cello-Konzert gehen, und der echte Dr. Mengele erhält mit Dr. Ridley einen Nachfolger, der ihm in Sachen Gruselfaktor kaum nachsteht.

INHALT

Mulder und Scully untersuchen eine rätselhafte Mordserie, zu der ein Ex-Kollege Mulders sie hinzuzieht. Alle Indizien weisen auf einen gewissen John Barnett als Täter hin, der jedoch vor vier Jahren im Gefängnis gestorben sein soll und mit dem Mulder eine äußerst unangenehme Vergangenheit verbindet. Die Spur führt sie zu einem Arzt, der verbotene Experimente durchgeführt hat …

CHARAKTERELEMENTE

Es ist ein wenig unglücklich, dass man diese Episode direkt hinter *Lazarus* platzierte. Glen Morgan empfand es gar als Problem, weil die Geschichten gewisse Ähnlichkeiten aufweisen. Bei beiden geht es beispielsweise um Ex-Kollegen, zuletzt von Scully, diesmal von Mulder. Wertet man beide Folgen jedoch für sich, haben wir es hier aber nicht nur mit einer gelungenen Charakterstudie von Mulder, sondern zugleich mit der deutlich überlegenen Folge zu tun. Das liegt vor allem daran, dass wir wirklich etwas Neues über die Figur erfahren. Mulder hat als junger Agent in einer schwierigen Situation zwar per Definition keinen Fehler gemacht; sein Zögern hat aber zwei Personen das Leben gekostet und die Rückkehr von Barnett in dieser Folge (wenn man denn so will) erst möglich gemacht. Obwohl er nach den Richtlinien des FBI gehandelt und die Geisel geschützt hat, nagt diese Entscheidung an ihm.

Es ist interessant, seinen inneren Konflikt nachzuvollziehen, weil er die Problematik aufzeigt, dass Regeln immer nur eine Leitlinie darstellen können und die Bewertung einer Situation dennoch stets hinzukommen sollte. Als junger Mann konnte Mulder diese Bewertung nicht schnell genug treffen und sich dadurch nicht anders entscheiden, als das gelernte Wissen ihm diktierte. Hier ist er am Ende der Episode in einer fast identischen Situation einen Schritt weiter, wägt kurz ab und handelt. Riskant, gegen die Regeln, aber am Ende vermutlich richtig. Sein Konflikt wird zudem gut an der Figur der Scully gespiegelt, die ihn versteht, bestärkt und damit am Ende bei der Auflösung seines Dilemmas helfen kann.

DOC HELL

Doch ist das natürlich noch nicht alles, was hier vor sich geht. Vom wirklich gänsehauterregenden Teaser aus bahnt sich die Episode ihren Weg durch düstere, bedrohliche und teils bedrückende Szenen rund um den eigentlich toten, armlosen Ex-Sträfling, der Mulder nach dem Leben trachtet. Der große und letztlich entscheidende Vorteil der Episode gegenüber *Lazarus* liegt in dem simplen Fakt, dass hier kein magisches Tattoo verwendet wird, um die Vorgänge zu erklären. Hier steht vielmehr etwas sehr Irdisches hinter den mysteriösen Ereignissen. Es geht um einen Arzt namens Dr. Ridley mit zweifelhaften Methoden, der vom Drehbuch dann unsanft und vielleicht etwas zu platt mit Nazi-Arzt Josef Mengele verglichen wird. Seine Agenda ist jedoch im Kern richtig und wichtig: Er versucht, Progerie zu heilen, eine Krankheit, bei der die Betroffenen fünf- bis zehnmal schneller altern als Menschen ohne diese Krankheit. Zwar verrät man uns sofort, dass der Arzt eigentlich kein Interesse an den Kindern hat; man muss jedoch festhalten, dass das im Normalfall nicht einmal zwingend der Antrieb sein muss, solange eine Hilfe gefunden wird, die niemand anderen beeinträchtigt oder etwa unethisch ist. Das ist hier allerdings genau das Problem.

Ridley arbeitet gewissermaßen mit der Legitimierung der Regierung. Seine Menschenversuche sind verachtenswert, erfahren aber aufgrund des hohen Einsatzes, der immerhin in der Unsterblichkeit bestehen könnte, eine Duldung von höchster Stelle. Da auch noch Deep Throat mitmischt, bekommen wir hier bereits eine gewisse Ahnung davon, wie weitreichend die Regierung in allen möglichen Bereichen Einfluss nimmt, Dinge verheimlicht und Grenzen überschreitet. Die Macher heizten also auch abseits von Aliens die Paranoia in der Serie mit Episoden wie diesen mächtig an.

DIES & DAS

Das Ende gerät dann fast ein wenig zu gefällig. Natürlich glauben wir keine Sekunde lang, dass Scully ungeschützt auf dem Cello-Konzert herumläuft. Somit schockiert uns der Angriff Barnetts nur wenig. Letztlich bildet er nur die Bühne für das erneute Aufeinandertreffen mit Mulder, damit dieser die Chance erhält – wie oben beschrieben – diesmal die richtige Entscheidung zu treffen.

Umso besser ist dafür die Szene, in der ein CIA-Agent (wir erkennen natürlich den Raucher) versucht, Barnetts Geheimnisse zu retten, die dann bei Mulders Voiceover zum Schluss in irgendeinem anonymen Schließfach liegen. Die Formel des ewigen Lebens in einem Bahnhofsschließfach mit Uringeruch? Da mag man doch lieber an den Ritter der Tafelrunde aus *Indiana Jones 3* und seinen Kelch eines Zimmermanns denken, oder?

Erwähnenswert, weil äußerst witzig, ist vielleicht noch die Nebenhandlung um Mulder und die Labortechnikerin Agent Henderson. Nicht nur sind die Wortduelle der beiden charmant und gelungen, Darstellerin Christine Estabrook erinnert auch an Miss Moneypenny aus den James-Bond-Filmen, was gemeinsam mit Mulder zu einer interessanten Dynamik führt. Schade, dass man die Rolle danach nicht mehr zurückgebracht hat.

WISSENSWERTES

- William B. Davis erhält als Raucher eine Szene, die man durchaus übersehen kann, als er am Ende versucht, aus dem sterbenden Barnett Informationen für die Regierung herauszubekommen. Interessant ist dabei, dass er im Abspann noch als CIA-Agent genannt wird, weil sich zum Zeitpunkt der Produktion noch kein finaler Spitzname durchgesetzt hatte. Auch raucht er im Krankenhaus nicht. Passenderweise ist Jerry Hardin wieder als Deep Throat/ Tiefe Stimme dabei, um Mulder an seinem Wissen teilhaben zu lassen.

- Regisseur Michael Lange fand das Skript recht gruselig und mochte es deshalb sehr. Bei der Verfilmung hielt er sich dicht am Original-Draft.
- Robert Goodwin empfand *Young at Heart* als eine der emotionalsten Folgen der ersten Staffel.
- Ridley-Darsteller Robin Mossley spielt die Rolle ein wenig zurückhaltend, was vielleicht auch an den Kontaktlinsen lag. Er durfte später in verschiedenen anderen Rollen mehrmals zur Serie zurückkehren.
- Chris Carter musste die Szene, in der Agent Purdue von Barnett's ›Salamanderhand‹ erdrosselt wird, wegen eines Streits mit dem »standards and practices department« von Fox kürzen, weil man dort die Szene als zu gewalttätig empfand.
- Der von Dick Anthony Williams (1934 - 2012) gespielte Agent Purdue war seit 1968 im Filmgeschäft tätig und hatte zum Zeitpunkt des Drehs einige Beliebtheit durch seine wiederkehrenden Rollen in der kurzlebigen Krimiserie *Heart of the City (Detective Kennedy - Nachtschicht in L.A.)* und der 42-teiligen Nachkriegsdramaserie *Homefront* erlangt.
- Progerie ist eine seltene, genetisch bedingte Erkrankung in unterschiedlichen Ausprägungen, bei der Kinder extrem schnell zu altern scheinen. Es existieren mehrere Varianten, wobei für das nicht erbliche Hutchinson-Gilford-Syndrom ein greisenhaftes Aussehen und das Auftreten von Begleiterscheinungen wie Nieren-, Herz- und Lungenerkrankungen sowie Osteoporose typisch sind. Das Werner-Syndrom ist indes erblich und beinhaltet das

Auftreten von Atherosklerose, grauem Star, Diabetes, Osteoporose, Muskelschwund bis hin zu Krebs.

FAZIT

Young at Heart ist eine der Rewatch-Überraschungen des ersten Jahres. Zwar führt die Episode am Ende zu nichts, zieht aber die Paranoia-Daumenschrauben an, verschafft Mulder eine zweite Chance und zeigt uns auf, dass die Regierung in vielen verschiedenen Bereichen Dreck am Stecken hat. Da auch sonst alles stimmt, bekommen wir in der Summe eine starke X-Akte serviert, die zwar meist nicht zu den Highlights des ersten Jahres gezählt wird, aber im Grunde nahezu alles richtig macht.

DER KOLLEGE SAGT …

Young at Heart ist Suspense pur, und Mad-Scientists gehen schließlich immer. Allein schon der gruselige Teaser mit seiner düsteren Beleuchtung und der Szene, in der David Petersen als ältere Version des Killers Barnett gerade von Dr. ›Frankenstein‹ Ridley gemartert wird, gehört zu den stärksten Episodenauftakten der ersten Staffel. Der Bezug zum »Todesengel von Auschwitz« Doktor Josef Mengele jagt einem einen Schauer nach dem anderen über den Rücken, und das vom verjüngten Barnett (Alan Boyce) initiierte Katz- und Mausspiel ist in jedem Moment fesselnd. Abgesehen von dem etwas zu schnell abgehandelten Finale machen Chris Carter und sein Kollege Scott Kaufer also alles richtig, ganz zu schweigen von Michael Langes sehenswerter Regiearbeit. Schade, dass die Episode bei so vielen Fans unter dem Radar fliegt.

1.17

E.B.E.
(TÄUSCHUNGSMANÖVER)

Nicht nur der erste Auftritt der Lone Gunmen und ein herrlich paranoides Katz- und Mausspiel um Lüge und Wahrheit über Aliens machen diese Episode zu einem unvergesslichen Erlebnis.

INHALT

Mulder und Scully jagen einem Alien hinterher, das im Irak abgeschossen wurde und für Untersuchungszwecke in eine geheime Einrichtung in den USA gebracht wurde. Deep Throat gibt vor, den beiden Agents zu helfen, füttert Fox jedoch mit einer undurchschaubaren Mixtur aus Lügen, Halbwahrheiten und Wahrheiten, die am Ende erneut ins Leere führen.

UNVERGESSLICH

Man kann Chris Carter, Glen Morgan und James Wong für dieses geniale Stück Mystery und die hochspannende Weiterführung der Serienmythologie gar nicht genug loben. Bei *E.b.e.* passt tatsächlich alles zusammen. Tolle, teils aberwitzige Dialoge, das erste Auftauchen der herrlich durchgeknallten Lone Gunmen und der Auftritt Deep Throats, der die Figur noch undurchsichtiger als ohnehin aussehen lässt, machen die Episode zu einem All-Time-Highlight der gesamten Serie. Die hervorragende Kameraarbeit von William A. Graham ist ein Lehrstück dafür, wie man dem Publikum Paranoia vermittelt, und der minimalistische, aber eindringlich mysteriöse Synthesizer-Score von Mark Snow schreit geradezu nach Geheimnissen und dem Rätselhaften. Besser kann man es technisch gar nicht machen.

TEASER-ALARM

Schon die erste Szene des Teasers mit dem Blick auf den nächtlichen Himmel im Irak vermittelt uns das Gefühl, dass die Geschichte das Thema ›Begegnungen der dritten und vierten Art‹ geradezu zelebriert. Nach einem Schnitt finden wir uns im Cockpit eines irakischen Kampfflugzeuges wieder und erleben mit, wie der Pilot gerade an seinem Verstand zweifelt, als ein UFO in rasender Geschwindigkeit an ihm vorüberzieht. Sichtungen von Militärpiloten sind in der Ufologie übrigens ein altbekanntes Thema und lassen sich häufig auf Fehlinterpretationen natürlicher Phänomene zurückführen, aber eben nicht immer. Gerade die Tatsache, dass Piloten und Militärangehörige als seriöse Zeugen gelten, macht derartige Fälle, die sich vom Auslöser der ersten UFO-Mania der neuen Geschichte durch Kenneth Arnold am 24. Juni 1947 bis in die Gegenwart ziehen, so brisant. Der Teaser endet damit, dass einige US-Soldaten den Absturz des soeben vom irakischen Piloten abgeschossenen UAPs (Unidentified Areal Phenomenon) beobachten und damit die Verwicklungen, in die Scully und Mulder bald involviert werden, endgültig einleiten – klasse.

MEISTERHAFTES

Nach dem Intro gönnen uns Carter, Wong und Morgan keine Ruhepause, sondern lassen es auf einer einsamen, von einem Truck befahrenen Straße UFO-mäßig richtig krachen. Der von Peter LaCroix gespielte Fahrer erlebt so ziemlich alles, was sich auch nur entfernt mit dem Abduction-Thema in Verbindung bringen lässt: Sein Radio spielt verrückt, der Motor fällt aus, er sieht ein grelles Licht, und plötzlich taucht über seinem Kopf ein raumschiffartiges Objekt auf. Dass der Lastwagen mehr als nur ein paar Autoteile transportiert, wie der Mann namens Druce bald darauf gegenüber den FBI-Agents aussagt, wird schnell klar. Mit einer Pumpgun in der Hand entert er nämlich die Ladefläche seines Wagens und bekommt es plötzlich mit jemandem (oder etwas) zu tun, dem er nicht gewachsen ist.

Wer spätestens hier nicht schon vollkommen von der Episode gefesselt ist, sollte sich womöglich besser nach einem anderen Genre umschauen, denn das Drehbuch verschwendet keine einzige Szene auf Nebensächlichkeiten oder unnötige Vorgeplänkel. Jede Szene ist exakt durchgetaktet und führt zu einem neuen Ereignis, das uns teils mit Humor, teils mit Hochspannung und am Ende sogar mit Action zum Finale führt. Das gilt auch für die anschließende Untersuchung des Tatortes durch Dana und Fox, die sich ebenfalls auf altbekannte ufologische Erkenntnisse berufen, diesmal von Seiten der Skeptiker. Scully erklärt die Erlebnisse von Druce zunächst mit einem Berglöwen, dann mit atmosphärischen Störungen, Blitzen und schließlich sogar mit Sumpfgas. All das ist keineswegs aus den Fingern gesaugt, sondern Befunden von Ermittlerinnen und Ermittlern diverser, durchaus seriöser Organisationen entnommen. In der Story verschwimmen also Fakt und Fiktion auf geradezu meisterliche Art und vermengen sich geschickt zu einem undurchdringlichen Nebel.

ACHTUNG! EINSAME SCHÜTZEN!

Der genialste Schachzug des Autorentrios ist allerdings der komödiantische Einstieg in die Welt der Lone Gunmen, denen wir nun begegnen und der einige der schrägsten Dialoge der ersten Staffel enthält. Wie sich nämlich bald herausstellt, nennt Mulder seine eigenartigen Freunde nicht umsonst »Wadenbeißer der Regierung«, denn die drei Verschwörungstheoretiker Frohike (herrlich: Tom Braidwood), Langly (Dean Haglund) und Byers (Bruce Harwood) sind tatsächlich völlig durchgeknallte Paranoiker der sympathischen Sorte. In Mulder finden sie nicht nur einen Gleichgesinnten, sondern einen Verbündeten, den sie dank seiner eigenen abstrus erscheinenden Theorien respektieren. Die Aussage: »Deshalb mögen wir dich, Mulder. Deine Ideen sind noch verrückter als unsere«, ist kongenial und rückt Mulder in ein so schlechtes Licht, dass man den Helden der Serie fast wirklich für irre halten könnte. Ein weiterer witziger Gag ist Frohikes mantraartige Wiederholung der Feststellung, dass er Scully

»scharf« findet. Als sie und Mulder im Büro sind und Dana über die Jungs nicht ganz zu Unrecht urteilt:

»Das sind die schlimmsten Paranoiker, denen ich je begegnet bin. Wie können Sie das, was die sagen, auch nur im Entferntesten für glaubwürdig halten?«,
entgegnet Mulder süffisant in Anspielung auf Frohike: »Ich halte es immerhin für glaubwürdig, dass man Sie scharf findet.«

Ein humorloser Patron, wer sich hier noch ein Schmunzeln über diesen ebenso abstrusen wie unterhaltsamen Einfall verkneifen kann.

DEEP THROAT

In eine ganz andere Kerbe schlägt hingegen der Auftritt von Deep Throat, den wir seit der Episode 1.02 als zwielichtigen Gesellen enttarnt haben. Mit seinen mehr der Vertuschung als der Enthüllung dienenden Hilfestellungen führt er Mulder in die Irre und lässt ihn wie einen naiven Trottel dastehen. Mulder glaubt daran, dass der undurchsichtige Whistleblower ihm uneigennützig hilft, doch Deep Throat verbirgt, wie er später ausführt, die Wahrheit immer zwischen zwei Lügen, um den Akte-X-Agenten letztlich ohne Beweise dastehen zu lassen. Selbst als Scully Mulder zweifelsfrei belegt, dass ein Foto, das er soeben erhalten hat, gefälscht ist, hält er an seinem Informanten fest, bis Dana ihm vermittelt, dass sie auf seiner Seite steht und er eine Überprüfung einleitet, die ihr recht gibt.

Deep Throat und Mulder treffen sich und führen einen moralisch denkwürdigen Dialog darüber, wer darüber zu entscheiden hat, für welche Wahrheiten die Menschheit bereit ist. Der Held argumentiert dabei erwartungsgemäß deontologisch, wenn er der Meinung ist, dass niemand das Recht habe, die Wahrheit zu verschweigen (sprich: zu lügen – Kant lässt grüßen). Deep Throat kontert hingegen mit dem altbekannten Argument, man müsse Geheimnisse hüten, die das

Potential haben, das Land – wenn nicht sogar die ganze Welt – ins Chaos zu stürzen. Hier steht die Paranoia der Verschwörungstheoretiker gegen die der Regierung, die einen nicht unerheblichen Teil der Menschheit offenbar wie Lemminge oder Schafe betrachtet, die sich sehenden Auges in den Tod stürzen oder zur Schlachtbank führen lassen. Viel perfider und daher gruseliger geht es kaum.

LEERE HÄNDE

Der letzte Akt läuft darauf hinaus, dass Mulder und Scully von jenen Mächten überwacht werden, gegen die selbst ihr mysteriöser Helfer trotz seiner Machtposition nichts ausrichten kann. Dank einiger neuer Indizien wissen unsere Helden, wo sie das möglicherweise noch lebende Alien finden können. Die Szenen, in den Dana mehrere Flugtickets kauft, um ihr wahres Reiseziel zu verbergen, und Fox einen unliebsamen Verfolger abhängt, bis hin zur von Mulder als Schwindel entlarvten UFO-Begegnung sind mit einem gespenstischen, aber nicht aufdringlichen Musikthema unterlegt. Die Klänge rufen Erinnerungen an diverse Kompositionen von John Carpenter wach und sind ähnlich minimalistisch, aber meisterhaft arrangiert.

Schließlich führt eine Gruppe von skurrilen UFO-Gläubigen die beiden X-Files-Ermittler zum Ziel, wo es zum großen Showdown kommt. Deep Throat rettet Mulder und erzählt ihm eine rührende Geschichte über seine Motivation, ihn mit Informationen zu versorgen, die man ihm aber zumindest hier noch nicht abnehmen kann. Die letzte Szene ist dann ein Lehrstück in Sachen Kameraführung und Beleuchtung. Der Whistleblower schreitet im Gegenlicht mit dem Rücken zum Publikum in den bläulichen Nebel hinein, wo er quasi unsichtbar wird. So geht großes Kino!

WISSENSWERTES

- Teile der Geschichte basieren auf Fanmails mit Wünschen zu weiteren UFO-Folgen, die Chris Carter, Glen Morgan und James Wong erhielten.

- Obwohl die Episode mit einer Bewertung von 8,4 auf IMDb zu den beliebtesten der Staffel gehört, war Glen Morgan nicht vollends zufrieden mit dem Endresultat: »Ich war der Ansicht, dass wir keinen sehr guten Job mit dem Skript gemacht hatten.Wir wollten eine Geschichte über Verschwörungen und Paranoia machen, doch am Ende fügten wir nicht viel Neues zum Thema hinzu.«
- Das in der Episode zu sehende Labor war in Wirklichkeit eine voll funktionstüchtige Forschungseinrichtung, um verschiedene Typen elektrischer Effekte in Bezug auf den Stromfluss zu untersuchen. Regisseur John Bartely zeigte sich vom Set begeistert, war aber recht überwältigt, als er herausfand, wie viele Lichtquellen er für den Dreh benötigte.
- In dieser Episode werden die herrlich paranoiden Lone Gunmen eingeführt, die im Jahr 2001 schließlich eine kurzlebige Spin-off-Serie erhielten.
- Endlich erfahren wir hier, wie Mulder überhaupt Deep Throat herbeiruft: Er schaltet eine blaue Lampe in seiner Wohnung ein und richtet sie auf das Fenster.
- Der Titel steht für Extraterrestrial biological entity.
- Der Anglistik-Professor Robert Markley schreibt über die Lone Gunmen: »Die Einzelheiten der Verschwörungen, die die Lone Gunmen vorbringen, sind weniger wichtig als die Form ihrer paranoiden Erzählungen. Ihre bizarren Theorien sind Ausdruck unseres eigenen Gefühls der Entfremdung von den Idealen der Individualität, Demokratie und der Eigenverantwortlichkeit, die wir als Gesellschaft immer wieder zum Ausdruck bringen.« (Übers. d. Autors)

FAZIT

E.b.e. ist atemberaubend gut gealtert, meisterhaft inszeniert und grandios erzählt. Ständig geschieht etwas Interessantes. Über die gesamte Spielzeit hinweg füttern uns Chris Carter, James Wong und Glen Morgan mit wichtigen Details und Informationen, die im weiteren Verlauf der Serie noch eine

wichtige Rolle spielen werden. Hinzu gesellt sich eine Dialogführung wie vom sprichwörtlichen anderen Stern. Wie schon erwähnt: Besser kann man es nicht machen.

DER KOLLEGE SAGT …

Mein lieber Kollege hat bereits mit einigen Superlativen um sich geworfen – und wissen Sie was? Er hat vollkommen recht damit. Das Drehbuch zur Folge ist absolut stimmig, die Dialoge sind geschliffen und auf den Punkt, die schauspielerischen Leistungen hervorragend. Hinzu kommt die verlässlich starke Atmosphäre samt Score. Reicht nicht? Nein. Mit den Lone Gunmen (oder zu Deutsch: den Einsamen Schützen) kommt ein anarchischer Humor in die Serie, der bisher noch gefehlt hat. Ein erster Vorwegweiser auf spätere Staffeln, in denen die Macher so richtig Vollgas geben. Was die Episode jedoch zu etwas wirklich Besonderem macht, ist die Rasanz, die Atemlosigkeit und Dringlichkeit, mit der wir Mulder und Scully folgen, die beide (!) von den Ereignissen mehr als angefasst sind. Näher dran und weiter weg zugleich waren sie in Sachen Wahrheit noch nie. Symbolisiert wird das durch Mulders vermeintlichen Informanten Deep Throat, dessen Beweggründe mittlerweile kaum mehr zu fassen sind. An der Seite unserer beiden Helden jagen wir fast immersiv durch die Folge und stehen am Ende zwar mit leeren Händen und vielen Fragen da, haben aber ein grandioses Stück Serien-TV erleben dürfen – 1993 wie heute.

1.18

MIRACLE MAN
(DER WUNDERHEILER)

Halleluja! Die kleine Bibelstunde der Serie lässt Jesus als Autoverkäufer-Anhängsel in den Neunzigerjahren auferstehen und erzählt seine Geschichte dreist pseudo-modern neu.

INHALT

Diesmal beschäftigt der Fall eines vermeintlichen Wunderheilers Mulder und Scully. Samuel Hartley kann angeblich durch Handauflegen Kranke heilen. Mehr noch: Er soll sogar Tote wieder zum Leben erweckt haben! In letzter Zeit starben jedoch auch drei Menschen, nachdem er sie berührt hatte …

DER JESUS-FAKTOR

Bricht man *Miracle Man* herunter, erzählen uns die Autoren die Geschichte von Jesus Christus hier als modernes Märchen von Samuel (Bedeutung: der von Gott Erhörte), dem Heiler aus Tennessee. Dazu werden die Klischees direkt zu Beginn hoch aufgestapelt. Samuel ist nämlich nur das Instrument eines geld- und famegeilen Mannes, der sich selbst als Reverend bezeichnet und inszeniert und dabei wie Stan aus *Monkey Island* wirkt, hier jedoch zum Glück keine Gebrauchtschiffe verkauft.

Befassen wir uns also kurz mit Reverend Calvin Hartley und nehmen an, dass auch sein Vorname bedeutungsschwer ist. Johannes Calvin gehörte im 16. Jahrhundert zu den einflussreichsten systematischen Theologen unter den Reformatoren. Spannend ist sein Konflikt mit Martin Luthers Ansichten. Während bei Luther nämlich Jesus Christus im Mittelpunkt steht, bezieht sich Calvin eher auf Gott, dem allein Ruhm und Ehre gebührt (soli Deo gloria: Gott allein sei Ehre). Vielleicht handelt es sich hierbei also um eine Anspielung auf das Selbstbild von Reverend Hartley, der sich im weißen Anzug, perfekt ausgeleuchtet, inszeniert und somit gottgleich empfindet? Wir erfahren leider zu wenig über sein Verhältnis zu Samuel, dürfen aber anhand seines Verhaltens immerhin vermuten, dass dem Mann Ruhm und Glanz seiner eigenen Person wichtig sind. Samuel hingegen ist sein Werkzeug. Interessant wäre in dieser Konstellation eine weitere Figur gewesen, die diesen Status aufzubrechen versucht, weil sie die wahre Bedeutung von Samuel und die Scharlatanerie des Reverends durchschaut. Hier hätte sich der vom jungen Samuel gerettete Leonard Vance angeboten. Leider verpassten die Autoren diese Chance jedoch und gingen stattdessen einen gänzlich anderen, wenig nachvollziehbaren Weg.

DAS VANCE-PROBLEM

Die tragischste Figur der Folge ist nämlich genau jener Leonard Vance. Er wurde vom jungen Samuel nach dem Feuertod ins Leben zurückgeholt und somit zu seinem ersten … Opfer. Zumindest erzählt uns das die Folge, in der sich spät herausstellt, dass Vance sein neues Leben an der Seite des Reverends nicht so sehr zu schätzen weiß, wie wir zunächst annehmen sollen. Da Samuel ihn rettete, als die Flammen ihn bereits entstellt hatten, blieb ihm nur eine Existenz, in der er von Hartley genau genommen wie eine Jahrmarktsattraktion vorgeführt wird. Lange denkt man beim Zusehen, dass hier wahre Dankbarkeit im Spiel ist und Vance seinen Platz in seinem zweiten Leben gefunden hat. Dass er es jedoch am Ende ist, der für die Morde an den Hilfesuchenden verantwortlich war, ist nicht nur tragisch, es überzeugt auch nicht.

Wo genau liegt das Motiv? Vance wollte Samuel diskreditieren, damit das System Hartley zusammenbricht. Aber was hätte er davon gehabt? Freiheit? Wäre es ihm nicht möglich gewesen, einfach zu gehen oder sich umzubringen? Und warum richtet er seinen Hass überhaupt gegen Samuel? Dieser hat als kleiner Junge, sicher manipuliert von Reverend Hartley, ein Wunder vollbracht. Er konnte die Tragweite damals nicht erkennen. Und warum bestraft Vance die armen Menschen, die nach Heilung suchen? Warum bestraft er nicht

Reverend Hartley, zum Ruhm des wahren Heilers Samuel? Genau an diesem Punkt wäre so viel mehr möglich gewesen und hätte den biblischen Konflikt nur noch verstärkt.

Die Autoren machen sich allerdings keine Mühe, all diese Fragen zu stellen oder zu beantworten. Das ist umso bedauerlicher, weil es eben essentiell ist, die Motivation von Protagonisten wie Antagonisten auszuloten, um ihren inneren Konflikt wirklich verstehen und fühlen zu können. Vance wirkt wie ein Schlimmling, den man ohne Kontext dazu gemacht hat, weil das Drehbuch es verlangte. Damit hat die Episode zwar ihren Bösewicht gefunden, wir aber leider kein Gefühl für das, was in dem Mann wirklich vorgegangen ist.

MULDER & SCULLY BELEUCHTET

Interessanter ist hingegen, wie Mulder und Scully auf den durchaus nicht alltäglichen Fall reagieren. Ausnahmsweise hat Scully mehr Verständnis, weil ihr das Konzept des Glaubens an Gott natürlich nicht fremd ist. Mulder hingegen wirkt zu Beginn eher belustigt. Der Mann glaubt an kleine grüne Männchen, aber Wunderheiler sind für ihn absurd? Ein wenig strapazieren die Autoren die Glaubwürdigkeit damit schon, oder? Dennoch ist es spannend, wie er später auf Samuels direkte Hinweise auf seine Schwester Samantha reagiert. Warum sieht Mulder sie danach ständig? Spielt ihm sein Unterbewusstsein einen Streich (wie Scully vermutet), oder hat Samuel noch andere Fähigkeiten, die für die Erscheinungen sorgen? Und was würde er dann bezwecken? Weiß Samuel, dass Samantha noch lebt, wie Mulder mutmaßt? Will er ihm einen Hoffnungsschimmer schicken? Viel erfahren wir nicht, der Subtext im Umgang der beiden mit dem Thema gehört aber zweifellos zu den interessantesten Aspekten der Folge.

GIB MIR HOFFNUNG

Was darüber hinaus noch bleibt, ist also gewissermaßen eine Neuerzählung der Jesus-Geschichte in unsere Zeit verlegt (erstes Wunder, viele Wunder, Gläubige, Zweifler, Ängste, Mord, Auferstehung), sowie der Faktor der Massenhysterie, der hier adäquat mehrgleisig vorgeführt wird. Reverend Hartley ist der Sektenführer, ein Auto- oder eben Gebrauchtschiffverkäufer der schlimmsten Art, der seinen Ziehsohn (und alle um ihn herum) ausnutzt, sich in seiner Herrlichkeit sonnt, große Reden schwingt und auf dem Rücken der Hoffnungen vieler Menschen, die seine Hilfe suchen, seinen schicken Fuhrpark erweitert. Subtil ist an der Figur natürlich nichts – George Gerdes spielt die Rolle aber mit eindringlicher Präzision, sodass auch wir glauben können, er sei imstande, diese Art von Hysterie und Begeisterung auszulösen.

Hinzu kommen all die Menschen, die verzweifelt, krank und hilflos sind und sich von dieser Pop-Up-Kirche Heilung erhoffen. Dass Samuel offenbar *wirklich* Fähigkeiten besitzt, ist natürlich die dicke Ausnahme von der Realität. Wie Mulder im Scherz sagt, kommt das, was wir hier erleben, schließlich nur alle 2000 Jahre vor. In der Regel handelt es sich jedoch eher um die emotionslose Ausbeutung von Verzweifelten. Ihr Wunsch, nach diesem letzten Strohhalm zu greifen, wird in der Kürze der Zeit aber gut dargestellt.

Samuel bleibt die Rolle des Heilers wider Willen. Reverend Hartley hat ihn als Kind wie einen Sohn angenommen und schlachtet seitdem seine Fähigkeiten aus. Samuel wirkt, als würde er ein wenig ziellos durch all das treiben und tun, was er eben tut. Er versucht zu helfen. Er ist die Unschuld in dieser Gleichung und bezahlt am Ende für die Sünden anderer mit dem Leben.

WISSENSWERTES

- Die Episode markierte die erste Zusammenarbeit zwischen Chris Carter und Howard Gordon, der für den ausgeschiedenen Alex Gansa an Bord gekommen war.
- Das Set für das Anwesen des Reverend zu finden, stellte die Location Manager Louisa Gradnitzer und Todd Pitson vor besondere Probleme. Einerseits musste es groß genug sein, um die Cadillac-Flotte parken zu können. Andererseits spielt die Folge in Tennessee, sodass rund um Vancouver herum ein Haus im Südstaaten-Look ent-

deckt werden musste. Da für die Nachtszenen ein großes Licht-Setup und Windmaschinen benötigt wurden, war es außerdem essentiell, dass keine Nachbarn in unmittelbarer Nähe wohnten, die sich vielleicht gestört fühlen konnten.

- Art Director Graeme Murray empfand die Episode als schwierig zu drehen, da es viele kleine Drehorte gab und man stets versuchen musste, diesen ein gewisses Südstaatenflair zu verleihen.
- Howard Gordon erzählt: »Das ist eine Art Jesus-Geschichte. Man muss gar nicht zu genau hinschauen, um die Parallelen zu entdecken. Samuel war ein Kind mit einer besonderen Gabe. Unsere Prämisse lief auf folgende Frage hinaus: Was, wenn ein Prophet oder jemand mit speziellen Kräften zur Erde gesandt werden würde? Was würde mit ihm geschehen?« (Confidential, S. 68, Übers. d. Autors)
- Wunderheilungen werden von der katholischen Kirche nicht nur unter gewissen Umständen anerkannt, sondern auch wissenschaftlich untersucht. Im französischen Wallfahrtsort Lourdes existiert ein Komitee von knapp 35 ausgebildeten Ärzten, die sich seit 1947 mit den rund 50 bis 60 Fällen befassen, in denen kranke Wallfahrer behaupten, nach einem Besuch im Ort von ihren Leiden geheilt worden zu sein.
- Chris Carter über religiös motivierte Wunderheilungen: »Ich glaube, dass der Heiler bestenfalls eine Art Auslöser ist. Er bringt bestimmte Funktionen, die die Menschen besitzen, in Gang. […] Was Religion wirklich leisten kann, ist, eine Mythologie und eine Geschichte, eben ein Glaubenssystem, bereitzustellen, in das sich Heiler und zu Heilender beide einklinken können.« (Goldman, S. 183 f.]

FAZIT

Miracle Man schneidet diverse Themen an und geht dank der unterhaltsamen Umsetzung auch durchaus als angemessener Versuch durch, Glaube und Täuschung, den Mythos

eines Heilers sowie das Phänomen der Massenmobilisierung vorzuführen. Dabei geht die Handlung jedoch nie in die Tiefe, wagt sich nicht über Klischees hinaus und lässt am Ende zu viele Fragezeichen in der Dramaturgie offen, um wirklich positiv im Gedächtnis zu bleiben.
Eine ungewöhnliche X-Akte, leider aber keine gute. Wir stellen am Ende also ein wenig desillusioniert fest: Die schauspielerische Leistung des Kindes aus dem Teaser ist zweifelsfrei ein Problem, leider aber am Ende doch das kleinste der Folge.

DER KOLLEGE SAGT ...

Da stapelt der Kollege Sülter nach meinem Dafürhalten dann doch mindestens eine Note zu tief. Okay, talentierte Kinderdarsteller sind rar gesät. In Anbetracht der schlechten Leistung von Alex Doduk, der in dieser Episode den jungen Samuel mimte, ist es daher fraglos ein großes Glück, dass er nur im Teaser auftaucht. Sowohl im Original als auch in der Synchronisation ist die Rolle so schlecht gesprochen, dass man eigentlich schon fast die Lust verlieren könnte. Damit hat es sich jedoch schon mit der Kritik, denn nicht nur Scott Bairstow als jugendlicher Wunderheiler haut es wieder heraus, sondern auch diese intelligent geschriebene Geschichte, in der praktisch Scullys religiöser Glaube dem von Mulder an paranormale Phänomene gegenübersteht. Was sieht Mulder hier? Eine Projektion seiner Schwester, eine Halluzination? Klugerweise lassen Chris Carter und Howard Gordon diese nicht unwesentliche Frage offen, denn die Kraft der Suggestion ist in *Miracle Man* genauso stark wie Samuels Gabe. Abgesehen davon, dass die Geschichte das Innerste der beiden Akte-X-Agenten berührt, punktet die Episode aber noch mit einigen toll fotografierten Mysteryelementen, einer starken

Symbolkraft (man denke nur an den Schatten im Gefängnis, dessen Bild Assoziationen zur Kreuzigung von Jesus weckt) sowie einem respektvollen Umgang mit dem Thema. Was die Motivation von Leonard Vance angeht, finde ich diese gerade deshalb nachvollziehbar, weil sie so ambivalent daherkommt. Rache ist nicht nur eine starke Antriebsfeder, sondern geht auch bisweilen seltsame Wege. Natürlich ist Vance nicht nur wütend auf den Reverend, sondern gleichermaßen auf den armen Samuel. Sicherlich, der tat als Kind nur das, was jener ihm sagte, doch er war es eben, der ihn in dieses für ihn unwürdige Leben zurückholte. Die Rache richtet sich also gegen das System an sich und all jene, die diesem vertrauen. Dass sich Vergeltungsdrang nicht nur auf den in persona Schuldigen bezieht, ist indes nichts Neues, sondern leider ein seit Jahrtausenden bekanntes Faktum. Wie sonst ließen sich beispielsweise Familienfehden erklären oder dass Menschen die Angehörigen von vermeintlich Schuldigen abschlachteten, um jenen den höchstmöglichen Schmerz zuzufügen? Dem Reverend fügt man am meisten Schmerz zu, indem man seine Einnahmequelle zerstört, ohne die Ursache für den Reichtum zu vernichten. Genau das tut Vance, wenn er diejenigen tötet, die den Laden am Laufen halten, bis es schließlich zum großen Finale kommt. Andererseits ist er aber sowohl ein Gläubiger als auch ein heimatloser Getriebener, der aus seiner Perspektive heraus keine andere Wahl hat, als Samuel zu folgen. Wo sollte er auch schon hin? Wer würde ihn so nehmen, wie er ist, ihm menschliche Wärme und einen Sinn im Leben geben? So betrachtet ist sein Verhalten bei aller Sinnlosigkeit durchaus stimmig.

1.19

SHAPES
(VERWANDLUNGEN)

Werwölfe in der Nacht, Legenden und Mythen amerikanischer Ureinwohner und ein Hinweis auf die erste X-Akte überhaupt haben das Zeug für eine gute Episode, die aber über die Jahre ein wenig an Charme verloren hat.

INHALT

Mulder und Scully untersuchen in Montana auf einer Ranch einen mysteriösen Todesfall, bei dem ein aus dem Trego-Reservat stammender Ureinwohner erschossen wurde. Da der Farmer Jim Parker darauf beharrt, keinen Menschen, sondern ein wildes Tier getötet zu haben, tauchen die beiden Agenten tiefer in den Fall ein und stoßen auf den Mythos über ein werwolfartiges Wesen, das womöglich seit fast 50 Jahren sein Unwesen treibt.

STARKER TEASER

Shapes gehört zu den Episoden, an denen sich die Geister scheiden. Chris Carter und Regisseur David Nutter mochten das finale Produkt, während die Kritiken sich recht unterschiedlich lesen. Emil Groth von myfanbase.de bewegt sich beispielsweise notentechnisch im mittleren Segment, während die bei Philes beliebte Website gedankenecke.com sogar eine 4 von 5 vergibt. Diese Bewertung ist aus mehreren Gründen sicherlich zu hoch gegriffen, zumal die Folge retrospektiv betrachtet einfach nicht sehr gut gealtert ist.

Doch beginnen wir vorne. Der Teaser bemüht einige zwar typische, aber gut in Szene gesetzte Horrorelemente, wie einen ausgestopften Bären im Halbdunkel eines Hauses, dessen Zähne im weit aufgerissenen Maul jedes Mal bedrohlich erstrahlen, wenn das Gewitter außerhalb einen Blitz zur Erde schickt. Der Blick in die ernsten Augen zweier uns unbekannter Männer im Neo-Westernlook verrät uns, dass draußen irgendetwas im Argen liegt, das sich die beiden gut bewaffnet näher ansehen wollen. Eine Minute später wissen wir, dass wir uns auf einer Farm befinden, auf der soeben eine Kuh bestialisch abgeschlachtet wurde. Zunächst denken wir an das altbekannte ufologische Phänomen der Tierverstümmelungen, doch ein gefährliches Knurren belehrt uns eines Besseren. Es folgt ein Schnitt, und die Kamera gibt einen kurzen Blick in Form eines Italian shot auf ein Monster preis, das den jüngeren der beiden Rancher nun anfällt. Ein Schuss peitscht auf, und das Intro setzt ein. An so einem Teaser ist zunächst einmal nicht viel auszusetzen, wenn man von der inzwischen leider veralteten Maskenarbeit absieht. Dafür kann die Folge aber nichts, weshalb wir an dieser Stelle über diesen Fakt hinwegsehen und uns auf die vielen Details konzentrieren, die geheimnisvolle und schreckenserfüllte 45 Minuten versprechen. Hier passt ansonsten nämlich alles: das Tempo, die Schnittführung und das Szenario.

SCULLYS HILFLOSIGKEIT

Allerdings rutscht die Folge nach diesem gelungenen Einstieg bald auf Schema-F-Niveau ab. Tierverstümmelungen können ausgeschlossen werden, und die Aussagen des Farmers Jim (Donnely Rhodes) und seines Sohnes Lyle (Ty Miller) sind alles andere als glaubwürdig, zumindest für Scully. Denn Mulder ist natürlich schon längst einen Schritt weiter und weist seine Kollegin darauf hin, dass hier nur ein X-Akte-Fall vorliegen kann. Bedenkt man, dass die Figur der Dana Scully (und mit ihr Gillian Anderson) im Verlauf der Serie zu einer Ikone des Feminismus wurde, erweist sich die erste Staffel in Sachen Zeichnung der weiblichen Hauptfigur als erschreckend schwach und redundant. Entweder schießt Dana nicht auf gefährliche übernatürliche Gauner *(Fire, Feuer),* oder sie ist den mysteriösen Verführungskünsten einer Alien-Sekte ausgeliefert *(Gender Bender, Verlockungen)*. In *Shape* verliert sie wiederum ihre Waffe und muss sich hinter Mulders Rücken verstecken. Lediglich in *Ice (Eis)* ergreift sie die Initiative, indem sie ihren möglicherweise infizierten

Kollegen mit Waffengewalt festsetzt. Hinzu kommt, dass sie die auffälligsten Hinweise, wie Fußspuren und Hautfetzen, schlicht übersieht, während ihr männlicher Kollege kühl ermittelnd den Überblick behält. Sehr schmeichelhaft ist das alles aus heutiger Sicht nicht; allerdings muss man der Episode ihre Entstehungszeit zugutehalten (vgl. hierzu das entsprechende Kapitel in diesem Buch).

INKONSISTENZEN

Als zweiter großer Kritikpunkt lassen sich einige kleinere Logiklöcher im dritten Drittel der Episode anführen. Die erste Auffälligkeit ist eine Kralle, die Sheriff Tskany (Michael Horse) bei dem zerfetzten Leichnam von Parker Senior findet. Mulder quittiert den Fund mit dem Satz: »Das stammt von keinem mir bekannten Tier.« Doch was sagt das eigentlich genau aus? Wie wir wissen, ist der Agent Psychologe und Profiler, aber kein Biologe. Selbst wenn man sich jahrelang mit dem Paranormalen befasst, ist es doch unwahrscheinlich, dass man in allen Bereichen über die Kenntnisse eines gestandenen Experten verfügt. Sicherlich kann man argumentieren, dass man die anatomischen Merkmale diverser Bärarten, Berglöwen oder Wölfe relativ leicht erlernen kann; so gesehen mag Mulders Anmerkung nicht so weit hergeholt sein. Letztlich wäre es aber besser gewesen, den Dialog entsprechend zu spezifizieren, weil die Figur dadurch unnötig überhöht wird und fast allwissend erscheint. Das ist aber vor allem auch im Hinblick auf Scully unnötig, schließlich ermitteln die beiden ja gleichberechtigt im Team.

Die zweite Eigenartigkeit bezieht sich auf die vom Klinikarzt getätigte Aussage, ein Bluttest hätte ergeben, dass Lyle Parker seinen Vater Jim angefallen und ihn gebissen habe, denn die gefundenen Spuren im Blut ließen sich nur durch eine Nahrungsaufnahme erklären. Das erscheint zumindest etwas merkwürdig, weil sich die Frage stellt, welche Art von Test hier genau durchgeführt worden sein soll und warum. Lyle selbst wurde Tage vorher verletzt und lag nach eigener Aussage nackt in einem Gehege, weil er zu viel Alkohol getrunken hatte. Abgesehen davon erweist sich die Szene als überflüssig. Denn wir wissen inzwischen, dass die in der Folge behandelte Form der Lykanthropie sowohl übertragbar als auch vererbbar ist. Da Gwen (Renae Morriseau) sie nicht hat, bleibt nur Lyle, weil er von ihrem Bruder zuvor gebissen wurde.

DER NATIVE-ANSATZ

Nach all der Kritik wird es Zeit, sich den positiven Aspekten von *Shapes* zu widmen. Die stärksten Szenen der Episode sind zweifelsfrei im Trego-Reservat angesiedelt. Vor allem der durch seine Rolle als ›Stone Calf‹ (›Steinkalb‹) in *Dances with Wolves (Der mit dem Wolf tanzt)* berühmt gewordene Jimmy Herman ist eine Augenweide. Der Mime steckt in seine Figur des Ish die Weisheit und das Wissen eines Schamanen und sorgt dafür, dass der lahmende Mittelteil sich nicht vollends verfranzt. Der Dialog mit Mulder, in dem er über den Manitou berichtet, ist dramaturgisch pures Gold, zumal die Szene mit einem überraschenden Kommentar über Mulder einsteigt:

»Ich wusste gleich, dass du anders bist. Du stehst dem Glauben der amerikanischen Eingeborenen offener gegenüber als die meisten von ihnen. Du hast sogar einen indianischen Namen: Fuchs. Du solltest Rennender Fuchs oder Listiger Fuchs heißen.«

Diese vier Sätze sind auf den Punkt geschrieben und erfassen die Essenz des X-Filers auf geradezu brillante Weise. Bei Fox ist der Name tatsächlich Programm. Er ist immer auf der Suche, scheint stets irgendwie auf der Flucht zu sein, geht seine Fälle klug an und taktiert seinen Vorgesetzten gegenüber mit großem Geschick. Hinzu gesellen sich spannende Anspielungen auf die Sagen- und Mythenwelt der Natives und ein mehr als klarer Hinweis auf das bis heute nicht überwundene Misstrauen der US-amerikanischen Regierung gegenüber, die noch längst nicht alle Wunden schloss, die diesen Menschen im Lauf von über 400 Jahren zugefügt wurden. Ein starker Hinweis auf diese Tatsache ist Ishs Bemerkung, in Wounded Knee gewesen zu sein, obwohl das in der deutschen Fassung genannte Jahr 1971 falsch ist. Gemeint ist hier nämlich die sogenannte Wounded Knee Occupation, auch bekannt als Second Wounded Knee aus dem Jahr 1973. Zwischen dem 27. Februar und dem 8. Mai des Jahres besetzten Aktivisten des American Indian Movement die Stadt Wounded Knee mit circa 200 Menschen, die schließlich mit einer großen Übermacht von ungefähr eintausend Federal Agents und Nationalgardisten überwältigt wurden. Nach der Räumung der Stadt waren zwei Menschen tot, einer vermisst und 14 verwundet, darunter zwei Staatsdiener. Allein schon deshalb ist die Episode sehenswert, wenngleich es hier und da ein wenig hakt.

WISSENSWERTES

- Fox wünschte sich eine konventionelle Monster-Show, woraufhin Chris Carter und Marilyn Osborn einen First Draft dieser Geschichte verfassten, die anschließend von Glen Morgan und James Wong massiv überarbeitet wurde.
- Chris Carter über *Shapes*: »Wenn man 25 Episoden im Jahr macht, sind auch immer welche dabei, die ein wenig mehr aus der Reihe tanzen, und ich glaube, diese ist ein gutes Beispiel dafür.« (Confidential, S. 71, Übers. d. Autors). Über die Sagenwelt der amerikanischen Ureinwohner: »Es ist eine reiche Mythologie mit einer ganz eigenen Seele. Sie ist sehr alt und leistet das, was alle guten Mythen leisten. […] Sie ist einfach wundervoll und steckt voller guter Themen für eine dramatische Bearbeitung.«
- Die Figur des Sheriff Charles Tskany wurde von Michael Horse gespielt, der zuvor in der Serie *Twin Peaks* als Deputy Tommy ›Hawk‹ Hill Bekanntheit erlangt hatte. Horse nahm seine Paraderolle für das Sequel-Event *Twin Peaks - A Limited Event Series* wieder auf.
- Es gibt tatsächlich eine Erkrankung, die unter der Bezeichnung Werwolf-Syndrom bekannt ist und im Fach-

jargon Hypertrichose heißt. Als Hauptsymptom tritt ein übermäßig starker Haarwuchs auf, der lokal begrenzt sein, aber auch den ganzen Körper befallen kann. Eine der bekanntesten Personen mit Hypertrichose war Stephan Bibrowski, der mit einem Kuriositätenkabinett durch ganz Europa und die USA tourte und unter dem Künstlernamen Lionel, der Löwenmensch bekannt war. Die Erkrankung könnte mit ursächlich für die Entstehung der Lykanthropie-Legende sein.

- Endlich erfahren wir, wann und von wem die erste X-Akte eröffnet wurde, nämlich im Jahr 1946 von niemand Geringerem als J. Edgar Hoover.

FAZIT

Wie eingangs bereits erwähnt, ist *Shapes* ein Paradebeispiel für eine relativ schlecht gealterte Episode. Nach einem starken Teaser lässt das Tempo vor allem im Mittelteil stark nach und sorgt für einige Längen, die sich mit der einen oder anderen Suspense-Szene hätten vermeiden lassen. Die Figurenzeichnung unserer Heldin und unseres Helden wirkt darüber hinaus stellenweise arg stereotyp, sodass Scully in der Geschichte nicht sonderlich gut wegkommt. Nichtsdestotrotz ist die Idee gut, die Horrorelemente fügen sich gut ein, der Score ist gelungen, und ein leider zu kurz, dafür aber hervorragend aufspielender Jimmy Herman rettet den Tag. Zusammen mit einer kurz-knackigen, aber stimmigen Auflösung reicht es für das obere Mittelfeld so gerade eben noch aus, wobei man sich gerne ein Minus hinter der Bewertung dazudenken darf.

DER KOLLEGE SAGT ...

Eigentlich stimme ich in allen Punkten bis hin zur Bewertung mit den Analysen des Kollegen Prahl überein. Eines finde ich jedoch noch bemerkenswert: Obwohl Scully aufgrund des ungünstigen Drehbuchs keine allzu gute Figur abgeben kann, ist sie dennoch die Einzige, die in diesem Fall überhaupt irgendwelche Ermittlungsarbeit leistet, indem sie den Sohn zum Arzt fährt. Ansonsten verhalten Mulder und Scully sich über die gesamte Laufzeit absolut passiv, führen ein paar Gespräche, laufen herum, sehen zu und warten auf die Auflösung. So etwas kommt in Serien wie *Akte X* oder Crime-Formaten an sich immer wieder einmal vor, wenn die Handlung ein aktives Eingreifen der Ermittler gar nicht nötig macht; hier ist es aber extrem auffällig. Indes: Dem Unterhaltungswert tut das keinen Abbruch.

Witzig ist auch, dass man als Zuschauer in die Handlung geworfen wird und sich genau genommen fragt, warum das überhaupt eine X-Akte sein soll, für die zwei Agenten von Washington, D.C. nach Montana reisen. Wir sprechen hier immerhin über eine Fahrzeit von 33 Stunden (mit dem Auto) oder einen Inlandsflug plus Mietwagen. Das ist in einem wichtigen Fall natürlich kein Problem; man darf sich aber schon fragen, warum Mulder mit seiner Info über die allererste X-Akte erst herausrückt, nachdem der Fall schon halb geklärt ist. Die Antwort liegt wie immer in einer dramaturgischen Notwendigkeit. In der Realität hätten die beiden aber sicher (wie so oft) vor dem Aufbruch oder auf dem langen Weg Zeit gefunden, über derartige Dinge zu sprechen. Stichwort: Briefing. Durch dieses Versäumnis seitens der Autoren tappt Scully noch etwas hilfloser durch die Geschichte, weil sie weder vorab recherchiert zu haben scheint noch von ihrem Partner wichtige Informationen erhielt.

Dennoch: Für eine Monster/Werwolf-Geschichte macht *Shapes* auch heute noch Spaß, wenngleich die Kreatur nach heutigen Maßstäben in einigen Einstellungen eher wie ein trashig umgesetzter Tellarit aus *Star Trek* aussieht.

1.20

DARKNESS FALLS
(DER KOKON)

Kleine, grüne Käfer und Agenten (fast) allein im Wald. Wenn Mulder und Scully in bequeme Klamotten schlüpfen und sich den Schrecken der prähistorischen Natur stellen, ist die Angst nicht fern. Rattert und knattert dazu noch ein altes Notstromaggregat, gehen bei uns Zuschauern verlässlich alle Fingernägel drauf ...

INHALT

In den Wäldern von Oregon verschwindet eine Gruppe von Holzfällern spurlos. Die Polizei verdächtigt zwei radikale Umweltschützer. Da Mulder auf einen ähnlichen Fall aus dem Jahr 1934 stößt, möchte er mit Scully nachsehen ...

KLEINER WALDAUSFLUG

Schon der Teaser liefert uns geschickt alle notwendigen Informationen. Ein Wald, eine Gruppe Arbeiter, ein langer Weg hinaus. Dann geht die Sonne unter, und die Gefahr wird sichtbar. Wir wissen: Sollten Mulder und Scully diesen Wald betreten, wird es heikel. So strickt man einen griffigen Teaser.

Nach dieser Eskalation baut sich hingegen alles langsam und gemächlich auf, was der Atmosphäre auch dank der musikalischen Untermalung sehr zugutekommt. Das Setting »Wald« mag auf den ersten Blick gar nicht so außergewöhnlich und spannend klingen, wird hier jedoch derart clever inszeniert, dass man mehr und mehr in die Situation hineingezogen wird und dabei immer im Hinterkopf behält, dass irgendwann jeder Tag endet und die Dämmerung einbrechen wird. Wir machen uns also Sorgen, lange bevor Mulder und Scully wissen, dass hier viel mehr als Ökoterrorismus vonstattengeht. Das alles ist äußerst gewieft aufgebaut. Mit dem

Auffinden des Kokons im Baum und dem Leichnam wandelt sich aber natürlich auch bei den Agenten die Stimmung, und irgendwann geht es nur noch um das nackte Überleben.

Dabei ist es wirklich erstaunlich, wie die Autoren aus den Motiven »Wald+Holzhütte+Stromgenerator+Dämmerung« derart viel Spannung destillieren. Die gut gezeichneten Figuren tragen gleichermaßen dazu bei. Das gilt sowohl für den standhaften Larry Moore (dessen Schauspieler Jason Beghe sein guter Freund Duchovny vorgeschlagen hatte) sowie für den äußerst charismatischen Titus Welliver als Doug Spinney und Tom O'Rourke als Steve Humphreys.

DIE NATUR SCHLÄGT ZURÜCK

Nicht unterschlagen darf man den wichtigen Öko-Aspekt der Folge, der zwar nur selten wirklich in den Vordergrund tritt, im Hintergrund aber immer wieder herausgearbeitet wird und dabei im Umgang mit allen Seiten fair bleibt. Auf der einen geht es bei der Holzfällerfirma um Gewinnmaximierung. Die Arbeiter müssen dieser Vorgabe folgen und fällen daher auch – eher unbedarft – Bäume, die viel zu alt sind und geschützt werden müssten. Wie so oft führt der ökonomische Druck von oben zu Taten, die von den falschen Personen unbedacht ausgeführt werden, aber weitreichende Konsequenzen mit sich bringen (wie hier das Freisetzen der Insekten). Damit verhandelt die Folge zudem Themen wie Ignoranz und Gier, ohne explizit mit dem Finger auf jemanden zu zeigen (außer vielleicht auf die stets bösen Konzerne). Denn auch die sogenannten Ökoterroristen gehen nicht vollkommen astrein vor und setzen die Gesundheit der Waldarbeiter aufs Spiel. Der Konflikt, der eigentlich auf politischer Ebene geklärt werden müsste, wird wie so oft denen aufgebürdet, die einerseits für ihren Lebensunterhalt arbeiten und Anweisungen befolgen müssen, und jenen, die die Gesetze nicht absolut rechtmäßig in die eigenen Hände nehmen. Die Natur wählt derweil ihren eigenen Weg und wehrt sich auf ihre Weise und mit ihren Mitteln, wobei es sich freilich um ein bekanntes Konzept in Filmen und Serien handelt, hier aber subtil genug abläuft.

Ein großes Pfund der Episode liegt darüber hinaus in der erneut starken Chemie zwischen den Protagonisten. Es beginnt mit Humor und Charme und wandelt sich zu Vertrauen und gegenseitiger Unterstützung. Weiterhin ist es schön zu sehen, wie die beiden immer mehr Gefallen an sich finden. Man beachte das Lächeln bei kleinen Scherzen oder Neckereien. Anderson und Duchovny spielen all das mit Leichtigkeit und detailverliebten Gesten. Weiß man, wohin sich irgendwann alles entwickeln wird (wenn es auch lange dauert und das ewige »Sie« in der deutschen Synchronisation etwas anderes behauptet), macht es natürlich doppelt Spaß, diese frühen Entwicklungen ihrer Beziehung zu verfolgen.

HIRN IN DEN PAUSE-MODUS, BITTE!

Einziges Manko der Episode sind zweifellos die Logiklöcher, bei denen man ein wenig Gleichmut aufbringen muss, um sie zu schlucken. So hätten Mulder und Co. einfach schon Spinney zu seinem Jeep folgen können, anstatt zu hoffen, dass dieser sie abholt. Auch andere Szenen, bei denen nicht ganz klar wird, wie und wann die Tierchen eigentlich agieren (oder wann nicht) lassen uns eher Mutmaßungen anstellen, als uns wirklich eine Erklärung an die Hand zu geben.

Zudem erfahren wir natürlich nie, was 1934 eigentlich genau passierte oder wie man nun nach der Rettung der beiden Agenten mit dem Problem umgeht. Den Machern ging es hier nur um die Bedrohungssituation, nicht um eine tiefgreifende Abhandlung der unter der Oberfläche brodelnden Themen.

Am Ende spielt das aber alles keine große Rolle, weil die Atmosphäre sich geschickt in den Vordergrund drängt und ausnahmsweise einmal verhindert, dass wir den Rest auf absolute Logik abklopfen möchten. Style schlägt Inhalt? Darf auch mal sein, wenn es so unterhaltsam gelingt wie hier.

WISSENSWERTES

- Obwohl die Episode als Bottle Show geplant war, entwickelte sie sich laut Chris Carter aufgrund der widrigen Wetterverhältnisse zu einer der am schwierigsten zu filmenden der gesamten Staffel.

- Von den acht für *Darkness Falls* angesetzten Drehtagen arbeiteten Cast und Crew nur zwei im Studio. Die meisten Drehs fanden im Seymore Demonstration Forest in North Vancouver statt.
- Während der Locationsuche kam es zu einem Streit zwischen Regisseur Joe Napolitano und Produzent Bob Goodwin. Napolitano wählte für einen Shot eine tief im Wald liegende Straße, obwohl diese große Ähnlichkeit mit einer wesentlich leichter zu erreichenden hatte, die bereits ausgewählt worden war. Goodwin entschied den sich über den unnötigen Aufwand entspinnenden Disput für sich. Ob dieses Ereignis mit ausschlaggebend dafür war, dass dies letzte Folge war, in der Napolitano Regie führte?
- Nachdem *Darkness Falls* abgedreht war, erhielt Glen Morgan während der Vorbereitungen für die nachfolgende Geschichte *Tooms* diesen Anruf von Bob Goodwin: »Du kennst diese Tasten für die Buchstaben EXT, die das Kürzel für exterior sind? Betrachte sie als kaputt.« (Confidential, S. 72, Übers. d. Autors)
- Die Idee zu der Folge basiert auf einem Kurs über Dendrochronologie, den Chris Carter während des Studiums besucht hatte. Entsprechend korrekt sind die Ausführungen des Federal-Forest-Service-Mitarbeiters Larry Moore. Tatsächlich spielt die Datierungsmethode heute eine große Rolle in der Geschichtswissenschaft, der Klimaforschung und in vielen weiteren Bereichen.
- Dass Käfer einen Menschen in einem Kokon auf einen Baum ziehen, erscheint auf den ersten Blick absurd, wird aber durch die Tatsache gemildert, dass ein menschlicher männlicher Körper zu 50 bis 65% aus Wasser besteht. Ein einst 90 Kilogramm schwerer Mann wäre nach dem Flüssigkeitsentzug also weniger als halb so schwer. Eine entsprechend große Anzahl von Tieren, die ähnlich wie Ameisen zusammenarbeiten, könnte diese Mammutleistung durchaus bewerkstelligen, wie Ngaire Genge in *Die Wahrheit über Akte X* feststellt.

FAZIT

Lieblingsfolgenalarm! Manchmal weiß man nicht, warum das Herz eine bestimmte Episode so sehr mag, dass sie in den erlauchten Kreis der ewigen Höhepunkte einzieht. In diesem Fall ist es jedoch recht einfach zu begründen, denn erneut sorgt die Serie mit den Themen Isolation, Gefahr aus der Natur und Todesangst der Protagonisten für eine rundum gelungene Nervenkitzelattacke, die sogar noch Zeit für ein paar wichtige Botschaften bereithält. Wie schon bei *Ice* fiebern wir mit den beiden Agenten mit und fühlen die bedrückende Atmosphäre in unser eigenes Wohnzimmer kriechen. Das alles gelingt zwar nicht ganz so perfekt wie beim großen Vorbild im ewigen Eis, lässt uns aber dennoch keine Sekunde durchschnaufen. Merken wir uns also: Öko-Paranoia kann viel effektiver sein als jede Alien-Invasion. Und … war da in der dunklen Ecke hinter dem Fernseher nicht eben so ein grünes Leuchten?

DER KOLLEGE SAGT …

Darkness Falls ist eine typische Bottleshow, die möglichst kostengünstig und auf wenige Figuren fokussiert sein sollte. Insofern macht die Folge einiges richtig, zumal das Bedrohungselement durchaus Spaß macht. Die Kameraführung erlaubt sich einige nette Spielereien, angefangen bei den Schrägen zu Beginn bis hin zu den netten Beleuchtungseffekten, die Kameramann John S. Bartley hier routiniert und gekonnt einfängt. Stark ist zudem das spannende Die-Natur-schlägt-zurück-Thema und die Kritik an der unkontrollierten, brutalen und zerstörerischen Rodung der Wälder. Hinzu kommt Gaststar Titus Welliver als Ökoaktivist Doug Spinney, der sich im Verlauf der Folge als zuverlässiger Lebensretter erweist, am Ende allerdings zum Bauernopfer wird. Die Crux an der Geschichte sind wiederum die zahlreichen Logiklöcher, die sich aus der Tatsache ergeben, dass die grünen Insekten das Licht scheuen. So wird beispielsweise im letzten Akt klar, dass die winzigen Angreifer Scully und ihre Mitstreiter offensichtlich schon längst befallen haben, aber nicht angreifen, weil die einzige Lichtquelle in der Holzfällerhütte noch aktiv ist. Als diese versiegt, ist es draußen zwar bereits Tag, innen jedoch stockdunkel. Wäre es nicht logisch gewesen, dass die Tierchen nun aktiv werden? Szenen dieser Art sind nicht gerade selten, sodass man das Gefühl nicht los wird, dass Chris Carter die Geschichte nicht bis zum bitteren Ende durchdachte, als er sie schrieb. Spaß macht das Ganze aber natürlich trotzdem, und der hohe Spannungsbogen sorgt durchgehend für Kurzweil.

1.21

TOOMS

(EIN NEUES NEST)

Ein Wiedersehen mit Eugene Victor Tooms, Walter Skinner in Action, die ersten Worte des Krebskandidaten und zarte Liebesbekundungen zwischen Mulder und Scully im Auto lassen die Herzen jedes Philes höher schlagen.

INHALT

Der Lebern fressende Mutant Eugene Tooms wird aus der geschlossenen Psychiatrie entlassen und macht genau dort weiter, wo Mulder ihn einige Monate zuvor gestoppt hat. Er sucht sein nächstes Opfer, um sich ein neues Nest zu bauen, in dem er 30 Jahre überwintern kann. Mulder und Scully setzen sich über Dienstanweisungen hinweg, um Tooms zu stoppen.

ALLES DRIN

Fortsetzungen beliebter Folgen gab es in episodal erzählten Serien von jeher. Selten gelingen sie aber so gut wie in diesem Fall. Schon *Squeeze (Das Nest)* war bei den Fans überaus beliebt, was in Anbetracht der großartigen schauspielerischen Leistung von Doug Hutchison und dem hohen Gruselfaktor der Figur auch kaum verwundert. Wer solche Augen hat, die eine bohrende Eiseskälte und den puren Horror versprühen, hat es allerdings redlich verdient, mit einem Sequel geehrt zu werden. David Nutter setzt als Regisseur alles daran, sein Mutantenmonster ins rechte Licht zu rücken, und verwendet dabei so ziemlich jedes Gänsehaut erzeugende Stilmittel, das im Horrorgenre bekannt ist: halbdunkle Räume, die nur schwach durch ein Fenster oder eine kleine Lampe an der Decke beleuchtet sind, Italian shots auf Tooms' Augen, einen vor Gier knurrenden, beinahe geifernden Leberfresser, der im Finale auch noch nackt, schwitzend und vollgeschleimt Mulder durch den engen Schacht eines Rolltreppensystems jagt. Mehr geht einfach nicht.

Schon der Einstieg ist ein kleines Genreglanzstück. Wir befinden uns in einem halbdunkel gehaltenen Sanatorium. Die Kamera fährt an den schweren Metalltüren entlang über die Namensschilder der Insassen und macht erst halt, als unser Blick auf den Namen Eugene Victor Tooms fällt. An dieser Stelle wissen wir natürlich schon längst, wer in den kommenden Minuten die Hauptrolle spielen wird, denn der Name elektrisiert und ruft Erinnerungen an die erste Monster-of-the-Week-Episode wach, die bis dato eine der besten der gesamten Staffel war. Was nun kommt, ist ein kleiner Schock, denn Tooms' Anwalt Dr. Monte (Paul Ben-Victor) hat eine Anhörung in die Wege geleitet, die zur Entlassung des Kannibalen führen wird. Damit ist eine Lawine losgetreten, die bis zur letzten Minute für Hochspannung sorgt.

IN SKINNERS BÜRO

Bevor es richtig losgeht, erfreuen uns Chris Carter, James Wong und Glen Morgan aber noch mit einem Hauch Serienmythologie, denn ein Schnitt führt uns in Walter Skinners (Mitch Pileggi) Büro, der gerade mit dem stets rauchenden Krebskandidaten im Hintergrund die Agentin für ihre angeblich schlechte Performance zur Schnecke macht:

»Agent Scully, wir haben Ihre Berichte gelesen und sind ehrlich gesagt unzufrieden.«

In Anbetracht der Tatsache, dass Mulder und sie bisher so ziemlich jeden Fall aufgeklärt haben, ist das starker Tobak, der darauf hinweist, dass dunkle Regierungskreise die X-Akten schließen wollen. Die Verschwörung ist bekanntermaßen die große Triebfeder der Serie und wird hier dem Publikum kurz und knackig, aber eindringlich wieder ins Gedächtnis gerufen. Entsprechend fadenscheinig sind die Argumente Skinners:

»Widriges Vorgehen, unhaltbare Indizien, anonyme Zeugen, wenig überzeugende Erkenntnisse. Unterstützt durch vage Meinungen.«

Der Director hat mit seinen Vorwürfen natürlich nicht ganz unrecht; allerdings entspricht es den Tatsachen, dass die Bearbeitung der unheimlichen Fälle des FBI eben eine besondere Herangehensweise erfordert. Scully kommt schließlich mit einer Ermahnung davon und erzählt Mulder später von dem Gespräch, womit Carter sehr deutlich macht, wie stark das Vertrauen zwischen seinen Hauptfiguren inzwischen gewachsen ist. Das macht sich später in der Episode zudem in einem beinahe knisternden Dialog zwischen den beiden bemerkbar, der vielleicht schon ein wenig zu sehr in Richtung Love Interest geht. Dennoch ist es toll mitzuerleben, wie sehr Mulder und sie als Team und Freunde miteinander harmonieren. Ein großes Lob gebührt an dieser Stelle explizit noch einmal Gillian Anderson und David Duchovny, die wieder einmal eindrucksvoll unter Beweis stellen, dass niemand anders als sie für die Hauptrollen in Frage gekommen wäre.

TOOMS NEST

Kommen wir damit zurück zu unserem Lebersnackliebhaber. Der hat inzwischen seinen alten Job beim Veterinäramt zurückbekommen und sucht munter nach dem nächsten Opfer. Doch immer wieder kommt Mulder ihm in die Quere und hindert ihn daran, seinen Zyklus zu vollenden. Bisher haben die Macher Tooms zwar als gerissen, aber überwiegend animalisch dargestellt, eine Anlage, die auch in dieser Folge zunächst greift. Doch nun geschieht etwas Unerwartetes, denn der Mutant verschafft sich auf filmisch hervorragend umgesetzte Weise Zutritt zu Mulders Wohnung. Statt diesen aber anzugreifen, verletzt er sich und versucht, Fox die Tat anzuhängen. Diese starke Idee macht den Antagonisten der Episode noch gefährlicher, als er ohnehin schon ist, denn spätestens jetzt ist gewiss, dass er wesentlich mehr als ein zwar kluges, letztlich aber getriebenes Tier ist, das lediglich um sein Überleben kämpft.

Um die Jagd auf ihn darüber hinaus noch spannender zu gestalten, gibt es on top ein Wiedersehen mit dem aus *Squeeze* bekannten Detective Briggs (wunderbar gespielt von Henry Beckman, 1921 – 2008). Der Cop hatte Tooms schon vor Jahrzehnten im Visier, konnte ihm aber damals nichts nachweisen. Doch er erinnert sich an einen Fall, in dem eine Leiche spurlos verschwand, die das menschliche Monster möglicherweise als Täter entlarven könnte. Die nun folgende Szene ist – um der Wahrheit die Ehre zu geben – ein wenig unlogisch, denn Briggs führt Scully nicht nur zu einer alten Chemiefabrik, in deren Fundamenten er die Überreste vermutet. Seine Nase sagt ihm zudem mehr als das mitgebrachte Bodenradar, mit dem ein Experte nach möglichen Fundstellen fahndet. Das ist schon sehr weit hergeholt, weil dem wissenschaftlich korrekten Ansatz hier ziemlich motivationslos die Intuition (oder ist es eine latente Hellsichtigkeit?) des pensionierten Sheriffs entgegenstellt wird. Doch der kleine narrative Holperer ist in Anbetracht der Stärke der Episode mehr als nur verschmerzbar.

DAS FINALE

Bis hierhin haben uns David Nutter und die Drehbuchautoren eine straff geschriebene, hochspannende und Emmy-verdächtig inszenierte und gespielte Episode präsentiert, die keine Minute Zeit mit Nebensächlichkeiten verschwendet. Entweder erfahren wir etwas über die Hauptfiguren, die Verschwörung oder Tooms. Ständig geschieht irgendetwas für die Folge oder Serie Relevantes, und man fiebert dem großen Finale regelrecht entgegen. Das Tolle ist, dass Carter, Wong und Morgan uns nicht enttäuschen, sondern die Folge mit einem Highlight ehren, das für damalige Verhältnisse recht brutal ist und dramatischer nicht sein könnte. Da Tooms aufgrund von Mulders Hartnäckigkeit kein geeignetes Opfer finden konnte, muss nun der arme Dr. Monte dran glauben. Endlich kann sich der Leberfresser in sein Refugium zurückziehen; allerdings steht sein altes Haus nicht mehr. Stattdessen muss er sich in den Rolltreppenschacht des neu gebauten Kaufhauses zurückziehen, eine Verzweiflungstat, die bei näherem Hinsehen vielleicht ebenfalls unlogisch ist, sich aber für die nun folgende Jagd als geradezu kongenialer Einfall erweist. Der Endkampf zwischen Mulder und Tooms ist hübsch eklig, zum Nägelkauen spannend und darüber hinaus eine inszenatorische und kameratechnische Meisterleistung des Fernsehen der 90er-Jahre.

WISSENSWERTES

- Glen Morgan kam auf die Idee zu der Folge, als er in der Weihnachtszeit in Los Angeles einkaufen ging und einige Männer bei der Arbeit an einer Rolltreppe beobachtete, die geöffnet war und dessen Innenleben Morgan nun sah. Der Anblick brachte ihn auf den gruseligen Gedanken einer möglichen modernen urbanen Legende um ein Wesen, das unterhalb einer Rolltreppe lebt und von dort aus sein Unwesen treibt. Konsequenterweise fiel die Wahl auf Eugene Tooms. Morgan ergänzt: »Von hier an lief alles irgendwie rückwärts.« (Official Guide, S. 149, Übers. d. Autors).

- Nachdem Regisseur Harry Longstreet laut Glen Morgan eine problematische Entscheidung für die Episode *Squeeze* dargestellt hatte, übernahm nun David Nutter das Ruder, was für alle Beteiligten eine Erleichterung darstellte. David Nutter erzählt: »Ich glaube, Tooms ist ein klassischer Horror-Charakter, und ich wollte ihn so weit gehen lassen wie irgend möglich. Ich bin wirklich glücklich mit dem Finale der Episode.« (Confidential, S. 75, Übers. d. Autors)
- Die sogenannte Tod-in-der-Rolltreppe-Szene stellte die Produktionsassistenten vor ein großes Problem, da es extrem schwierig war, das Filmblut von der Oberfläche zu entfernen. Das Eindringen der Flüssigkeit in die Motoren hätte zudem zu schwereren und letztlich teuren Schäden führen können, wie Louisa Gradnitzer und Todd Pittson zu berichten wissen.
- Es war David Hutchisons Idee, die Verfolgungsszene zwischen Tooms und Mulder unbekleidet zu spielen. Chris Carter erzählt: »Es war schockierend, weil er nackt herumlief. David Duchovny tat mir leid, weil er mit diesem nackten, schleimigen und schwitzenden Mann in einen Aufzugsschacht gehen und so tun musste, als hätte er Angst.« (*The Truth About Season* 1, Min. 6:52, Übers. d. Autors)
- Funfact: Walter Skinner wird vom allseits beliebten Mitch Pileggi gespielt, den wir natürlich auch als Colonel Steven Caldwell aus *Stargate: Atlantis* kennen. Darüber hinaus gab er in der Folge *Triangle (Im Bermuda-Dreieck)* den SS-Obersturmbannführer.
- Die Entertainment Weekly-Ausgabe zum 25. Jubiläum der Serie führt die Episode als Nummer Vier der besten fünf der Staffel auf.

FAZIT

Vielen Dank an Chris Carter, Glen Morgan, James Wong und den nicht minder genialen David Nutter, die uns hier einen echten Alltime-Favoriten serviert haben. *Tooms* ist eine mehr als nur gelungene Fortsetzung zu *Squeeze*, sie ist jede

Minute Screentime wert und ein Riesenspaß, den man nie wieder vergisst. Doug Hutchison war schon im Prequel zu dieser Geschichte eine Augenweide, doch was der Mann hier mit so wenig Diaolg abliefert, ist preisverdächtig. Besser kann man es wie gesagt nicht machen.

DER KOLLEGE SAGT ...

Der Kollege Prahl hat mit allem recht. Allerdings liegt das Gold der Episode in den gesprochenen Worten. Das beginnt mit Mulders lakonischem »Hätten die mir eher geglaubt, wenn ich den grauen Anzug getragen hätte?«, geht über sein »Haben Sie vielleicht meinen Hund gesehen? Es ist ein norwegischer Elchhund. Sein Name ist Heinrich.« zu »Mulder, ich würde mich für niemanden in Gefahr bringen, außer für Sie.« und schließlich zu »Wenn das Eistee in diesem Beutel ist, könnte es Liebe werden.« Dazu kommen Skinner, der Raucher, Tooms – was für ein Fest. Der Fall ist genau genommen gar nicht so wichtig. Hier zählt, *wie* es passiert, nicht *was* passiert. Und das ist absolut großartig.

1.22
BORN AGAIN (WIEDERGEBOREN)

Manche Episoden muss man sich wie Kochen vorstellen. Unbedarft googelt man ein Rezept, gelangt auf eine nicht vertrauenswürdige Seite, kauft die falschen Zutaten, die Tipps zur Zubereitung sind Quatsch, und am Ende versucht man, alles mit Streukäse zu retten. Guten Appetit.

INHALT

Ein Polizist stürzt sich aus einem Fenster und stirbt. Einzig die neunjährige Michelle Bishop war Zeugin des Vorfalls. Zunächst glauben daher auch alle an einen Selbstmord. Als allerdings ein weiterer Polizist auf ähnlich sonderbare Weise umkommt und Michelle erneut Zeugin war, wird Mulder hellhörig ...

KONSEQUENZ

Es gibt Episoden, die wissen ganz genau, was sie sind und was sie können. Hat man jedoch Pech, sind sie genau wie diese, beginnen maximal mittelprächtig, ziehen diesen Level konstant durch den gesamten Mittelteil und enden schließlich auf genau die gleiche Weise.

Mulder und Scully werden diesmal von einer Polizistin zum – wie es zunächst scheint – Freitod eines Kollegen hinzugezogen. Der gelungene Bogen zum Tooms-Fall ist dabei jedoch die beste Nachricht. Man muss sich nur einmal im Gehörgang zergehen lassen, wie das Herbeirufen der Agenten begründet wird. Detective Sharon Lazard sagt, dass Kollege Barbala auf dem Revier nur wenige Freunde hatte, sie die Sache aber trotzdem nicht auf sich beruhen lassen könne. Der Gute war schließlich Polizist! An Mulders und Scullys Stelle hätte ich Lazard bereits hier auf ihre geistige Gesundheit untersuchen lassen. Sollte es nicht vielmehr selbstverständlich sein, den Sprung aus dem Fenster eines Menschen zu untersuchen – unabhängig von seinen Sympathiewerten? Vielleicht liegt darin ja auch gerade die Lösung: Wurde der Mann vielleicht gemobbt? Derartige Gedanken hätten man ohne den sinnfreien Kommentar schlicht ausblenden können.

Der zweite Kracher der Episode folgt, als Lazard herausfindet, wen der Phantomzeichner nach Michelles Vorgaben zu Papier gebracht hat. Laut ihrer und Scullys Äußerung (»Sieht wie ein und dieselbe Person aus«) muss es sich nämlich um den Ex-Officer Charlie Morris handeln. Lazard hält beide Bilder nebeneinander, und wir sehen zwei Männer … mit Haaren und Schnurrbart. Ja, natürlich. Ein und dieselbe Person, zweifellos. Grotesker wird diese Szene noch dadurch, dass Morris seit neun Jahren tot ist und Michelle ihn nicht kennen kann. Und erneut: Zweifellos muss Michelle also einen Geist gesehen haben. Bei dieser verblüffenden Ähnlichkeit kann das ja auch gar nicht anders sein! Wieviel besser wäre es gewesen, das Bild von Morris, das sich auf dem Revier befindet, schneller ins Spiel zu bringen? So hätte man uns zumindest einige wenig überzeugende Szenen erspart.

Doch apropos wenig überzeugend. Was ist eigentlich mit der Frau von Detective Fiore los? Es ist ja nichts gegen einen bequemen Look einzuwenden, der Dauer-Morgenmantel mutet aber schon ein wenig sonderbar an. Witzigerweise trägt sie ausgerechnet bei ihrem ersten Auftreten normale Kleidung, obwohl ihr Mann vorher noch verkündet, sie nicht wecken zu wollen. Noch besser: Sie kommt auf die Veranda und fragt vollkommen entspannt: »Wer ist das, Tony?« Seine völlig nachvollziehbare, kaum verdächtige Reaktion? »Kein Grund sich aufzuregen, Schatz.« Nun, sie hat doch eigentlich nur gefragt, um wen es sich handelt.

Der Anschlag mit dem Schal und dem Bus schlägt in die gleiche Kerbe. Es wäre vermutlich genug Zeit geblieben, sich aus dem Schal zu befreien, bevor der Bus anfuhr. Geschenkt. Schockeffekte gingen hier vor Logik.

Und zum Schluss müssen wir nochmals auf Mrs. Fiore zu sprechen kommen, die nach all den Merkwürdigkeiten in der letzten Sequenz der Folge auch noch weinend und jammernd im Schlafzimmer eingesperrt wird, dann die Wahrheit über ihren verstorbenen ersten Mann erfährt und mit dem unfassbaren Spruch »Wer hätte denn sonst für dich gesorgt?« abgespeist wird. Nun, *sie selbst* vielleicht? Nicht jedoch hier: Stattdessen gibt es das Frauenbild der 90er-Jahre in den Köpfen männlicher Autoren in einer einzigen Szene. Fremdschäm-TV.

STREUKÄSE

Als eingangs erwähnter Streukäse auf dem Murks dienen Einfälle wie Triaden, Lebensversicherungsbetrug, Korruption und Hypnose. Indes: All das kann eine schwach geschriebene und gespielte sowie inhaltlich kaum überzeugende Episode nicht aufpeppen. Einzig die Lösung mit dem Taucher ist witzig, auch wenn einem die armen Fische schon leid tun können.

ELEFANT IM RAUM

Zum Schluss müssen wir uns aber noch um die Frage kümmern, warum die Macher an dieser Stelle der ersten Staffel überhaupt schon wieder einen Geist-übernimmt-Körper-Plot zusammen strickten. Bedenkt man, dass mit *Roland* noch eine dritte Version in dieser Staffel folgen sollte, muss man fast schon von einem inoffiziellen Dreiteiler sprechen, bei dem alle Versuche gegeneinander antreten müssen. Damit würde man dieser Episode hier jedoch keinen Gefallen tun. Dafür sind die Probleme schlicht zu vielfältig. Andrea Libman ist als Michelle viel zu passiv, um wirklich unser Interesse zu wecken. Dazu kommen generische Versatzstücke: die geschiedenen Eltern, die Mutter, die mehrfach »sie ist einfach anders« jammert, die zickige Therapeutin, die sich mit Medikamentengabe begnügt – all das reicht längst nicht aus. Spannender sind da schon die dezenteren Hinweise wie die entstellten Puppen oder die Origami-Tiere. Dennoch ist es am Ende nicht vollends überzeugend, dass ein erwachsener Polizist im Körper eines kleinen Mädchens Rache an seinen Kollegen übt. Und warum eigentlich? Die Autoren haben keine Ahnung und sprechen das Thema daher gar nicht erst an. Am Ende darf Michelle ein glückliches Leben führen. Charlie Morris hat ihren Körper offenbar nach getaner Arbeit verlassen. Was für ein Glück!

WISSENSWERTES

- Spannend: Während Scully bisher immer außer Sichtweite war, wenn das Übernatürliche geschah, stößt sie diesmal hinzu, um das platzende Aquarium zu sehen.
- Dies ist die erste Episode, in der Mulder anstelle von Scully aus dem Off zu vernehmen ist, während er seine Kommentare und Erinnerungen über den Fall aufschreibt.
- Howard Gordon fand die Idee spannend, eine Folge über Reinkarnation zu machen, sah das Thema an sich aber eher kritisch: »Die Aussagen in der realen Welt sind so dürftig; jeder war entweder ein Häuptling oder eine Prinzessin. Niemand kann sich je erinnern, ein Tellerwäscher gewesen zu sein.« Zudem gelangte Gordon zur Ansicht, dass die Episode in vielerlei Hinsicht misslungen sei, auch weil sich diverse Elemente früherer Folgen wiederholten.
- An einer Stelle der deutschen Fassung nennt Mulder den toten Ex-Cop etwas nachlässig »Barbälla«.
- Chris Carter empfand vornehmlich die Regiearbeit von Jerrold Freedman als zu nachlässig. Dieser hatte zuvor die ebenfalls nur mäßig erfolgreiche *Ghost in the Maschine (Die Maschine)* inszeniert und schied anschließend aus dem Regiestab aus.
- Gaststar Brian Markinson hatte noch einen weiteren Auftritt in *The X-Files*, namentlich in der fünften Staffel in der Episode *Folie a deux (Folie a Deux)* als Gary Lambert. Darüber hinaus ist er ein beliebter Fernsehschauspieler, der unter anderem Rollen in so bekannten Genre-Serien wie *Dark Angel*, Steven Spielbergs *Taken*, *Caprica* und *Continuum* spielte.
- Reinkarnationsforschung ist ein Teilgebiet der Anomalistik und wird seit etwa 1953 betrieben. Begründer ist der kanadisch-US-amerikanische Psychiater Ian Stevenson,

der seine Ergebnisse zwischen 1974 und 1983 in insgesamt fünf Werken veröffentlichte und damit Maßstäbe für das Forschungsgebiet setzte. Unterschieden wird dabei vornehmlich zwischen zwei Formen von Reinkarnationserfahrungen: erstens hypnotische Rückführungstechniken bei Erwachsenen, die in der Forschung kritisch gesehen werden, und zweitens die überwiegend bei Kindern im Alter zwischen zwei und fünf Jahren auftretenden spontanen Reinkarnationserfahrungen, die mit über 2600 Fällen gut dokumentiert sind.

FAZIT

Nach Ansicht einer unausgegorenen Episode wie dieser möchte man sich am liebsten wie Mrs. Fiore einen Morgenmantel anziehen und auf die Rückkehr besserer Zeiten warten. Immerhin beweist die Episode aber, dass eine gute Atmosphäre und wilde Theorien allein nicht ausreichen, um für eine passable X-Akte zu sorgen. Es gehört viel mehr dazu – und das ist auch gut so!

DER KOLLEGE SAGT ...

Einspruch, Herr Kollege! Dass die Episode beim Autoren- und Produzentenstab im Nachhinein nicht zu den beliebtesten zählte, kann man anhand der vielen Versatzstücke, die wir bereits aus anderen Folgen kennen, durchaus nachvollziehen. Betrachtet man *Born Again* aber für sich allein, gibt es mit Sicherheit schlechtere Geschichten als diese. Ein großer Vorteil ist, dass man sich bei den Auftritten von Andrea Libman als kleine Michelle auf das Nötigste beschränkte. Nicht falsch verstehen, bitte. Die damals erst Zehnjährige machte ihre Sache richtig gut. Allerdings gab man der Jungmimin kaum Dialog, sodass ihre Hauptaufgabe darin bestand, eine beinahe beängstigend unergründliche Mimik zum Besten zu geben. Dieser kleine Kniff tut dem Plot sichtlich gut, zumal sich im Grunde genommen hier ein vor neun Jahren verstorbener 24-jähriger Cop an seinen Mördern rächt. Ein wenig inhomogen wirkt das Ganze aber letztlich doch, weil erneut verschiedenste übersinnliche Phänomene kunterbunt in einen Topf geworfen werden, um daraus ein schmackhaftes, paranormales Süppchen zu kochen. Telekinese, Psychokinese, Reinkarnation und sogar Poltergeisterscheinungen müssen herhalten. Sei's drum. Der Spannungsbogen ist hoch, die Folge glänzt mit tollen Gaststars wie Maggie Wheeler sowie dem wunderbaren Brian Markinson, und der Score des genialen Mark Snow sorgt für Suspense-Feeling. Selbst mit kleinen Abzügen in der B-Note für das Recycling diverser Ideen und einer kindlichen Hauptfigur, die mehr Mittel zum Zweck als wirkliche Protagonistin ist, bleibt am Ende eine vernünftige Standalone-Episode.

1.23

ROLAND
(ROLAND)

Die nunmehr dritte Folge nach Lazarus *und* Born Again, *die sich mit der Übernahme eines Körpers durch einen mehr oder weniger fremden Geist befasst, lässt allmählich inhaltliche Langeweile aufkommen, trotz eines stark aufspielenden Gaststars.*

INHALT

Als es in einem Luftfahrtlabor zu seltsamen Todesfällen kommt, treten Scully und Mulder auf den Plan, um den Fall zu untersuchen. Schon bald vermuten sie, dass der geistig retardierte Hausmeister Roland vom genialen Geist seines verstorbenen Zwillingsbruders beseelt ist, der sich seines Körpers bedient. Das Ziel: Rache dafür zu nehmen, dass seine Kollegen seine Arbeit stahlen.

STRUKTURELL IN ORDNUNG

Um es einmal vorwegzunehmen: Rein strukturell betrachtet gibt es schlechtere Episoden als diese. Der Teaser, in dem wir schon zu Beginn einen atmosphärisch inszenierten Mord miterleben dürfen, verspricht gute Unterhaltung, und Gaststar Zeljko Ivanek spielt seine Rolle von Anfang an klasse. Aus dieser Perspektive heraus gibt es nicht viel zu meckern. Der erklärende Dialog zwischen Fox und Dana nach dem Intro ist zudem serientypisch informativ genug, um einen Überblick zu bekommen. Das erste große Problem der Episode ist allerdings, dass die Katze schon viel zu früh aus dem sprichwörtlichen Sack gelassen wird. So wissen wir bereits nach drei Minuten, dass Roland der Mörder ist, ohne wirklich dafür verantwortlich zu sein. Als Lösung bleibt somit im Grunde genommen nur irgendeine Form von Besessenheit. Wie man es an dieser Stelle ausdrückt, ist dabei egal: Gedankenkontrolle, Besessenheit, Wiedergeburt – oder dass zwei Seelen sich einen Körper teilen.

LANGEWEILE LÄSST GRÜSSEN

Im Endeffekt läuft es immer wieder auf dasselbe hinaus. Ein böser Geist nimmt von einem Unschuldigen vorübergehend oder dauerhaft Besitz und lässt aus verschiedensten Motiven heraus die Sichel des Todes kreisen. Solange die Morde technisch so gut umgesetzt wie hier – der Stickstoffmord an dem zweiten Wissenschaftler kann sich ebenfalls sehen lassen – macht dem geneigten Publikum der repetitive Ansatz noch nicht viel aus.

Allerdings hat es sich mit der Spannung nach dem zweiten Overkill erledigt, weil nichts Gravierendes mehr geschieht. Erschwerend kommt hinzu, dass die im Teasertext zu dieser Rezension erwähnten Episoden eine sehr ähnliche Prämisse haben und ähnlich aufgebaut sind, was auch noch den letzten Rest Spannung kostet. Dann sagt Roland:

»Menschen sterben. Sie gehen fort. Und sie sollten lieber nicht zurückkommen.«

Nun weiß selbst der letzte Fan, was die Stunde geschlagen hat. Gut, der Twist, dass das Gehirn (besser gesagt, der ganze Kopf) des vor sechs Monaten verstorbenen Dr. Arthur Grables kryokonserviert wurde und der überlebende Geist nun irgendwie den Körper seines Zwillings Roland übernimmt, ist durchaus nett. Aber das Ganze klingt schon auf dem Papier stark konstruiert und lässt somit eine gewisse innere Glaubwürdigkeit vermissen.

LOGIK, MEINE HERRSCHAFTEN!

Das lässt sich außerdem über einige Logiklücken innerhalb der Geschichte sagen, die zusätzlich an der Stimmigkeit der Story zerren.Es ist zum Beispiel nachvollziehbar, wenn Arthur den übrigens hervorragend von James Sloyan gespielten Dr. Nollette für das Stehlen seiner Forschungsergebnisse bestrafen möchte. Doch was genau haben Dr. Surnow (Matthew Walker) und Dr. Keats (Garry Davey) damit zu tun? Die Episode läuft im Finale ziemlich eindeutig darauf hinaus, dass Nollette der Alleinverantwortliche ist. Ob (und wenn ja, wie viel) seine beiden Kollegen etwas wussten, kommt überhaupt nicht zur Sprache, sodass die Morde an den beiden Wissenschaftlern sinnlos sind. Ebenso planlos eingefügt ist die Szene, in der Tracy (Kerry Sandomirsky) Roland fragt, wer Arthur ist, und der Geist dem armen Mann brutale Mordgelüste einpflanzt. Welchen tieferen Sinn diese Eingebungen haben, erschließt sich nicht, sodass die genannten Szenen lediglich dem Effekt zu dienen scheinen. Immerhin ist dieser handwerklich gut gelungen, was von Regisseur David Nutter aber nicht anders zu erwarten war.

Unlogisch ist übrigens auch, das Thema Kryogenik mit in die Geschichte einzubeziehen. Bekanntermaßen gibt es Firmen, die Menschen für ein kleines Vermögen nach ihrem Tod in Stickstoff einfrieren, um diese eventuell irgendwann in ferner Zukunft wieder aufzutauen, sofern sich die zahlreichen Probleme der Technologie irgendwann überwinden lassen. Allerdings ist der Terminus ›nach dem Tod‹ hier der Schlüssel zum Verständnis, was bedeutet, dass Arthurs Bewusstsein im tiefgefrorenen Körper nicht präsent sein kann.

Ganz davon abgesehen befindet sich zudem lediglich sein Kopf in jenem ›Supergefrierfach‹, was der Geschichte beinahe schon etwas Lächerliches verleiht. Stimmiger wäre stattdessen eine Art Frankenstein-Plot gewesen, in dem Grables' Gehirn ähnlich wie auf dem bekannten Dead-Or-Alive-Poster zur Episode außerhalb des Körpers weiter existiert hätte – beispielsweise an futuristische Apparaturen angeschlossen. Auch das wäre sicherlich nicht der Weisheit letzter Schluss und sonderlich innovativ gewesen, hätte der Story aber bei Weitem mehr Konsistenz verliehen.

WISSENSWERTES

- Die Rolle des Roland wird vom bekannten Schauspieler Zeljko Ivanek gespielt, der unter anderem aus seiner Rolle als Russell Jackson in der Politddramaserie *Madam Secretary* bekannt ist. Ivanek war der erste Schauspieler, der beim Casting für die Rolle vorsprach. Chris Carter erzählte im *Official Guide,* dass dessen Vorleserunde ihn regelrecht »umgehauen« habe und der Schauspieler definitiv einen Award für die Rolle verdient hätte.
- Für Regisseur David Nutter war dies das schlechteste Skript, das er in der ersten Staffel verfilmen musste. Doch auch er lobte die Arbeit von Gaststar Zeljko Ivanek: »Du kriegst nicht immer das beste Drehbuch der Welt, doch wenn du einen guten Schauspieler bekommst und ihn richtig pushst, hilft das definitiv, die Episode besser zu machen.« (Confidential, S. 75, Übers. d. Autors)
- Glenn Morgan war mit dem Endergebnis auch nicht zufrieden und vertrat die Ansicht, die Episode hätte mehr in Richtung Hoffnung auf ein Leben nach dem Tod tendieren sollen.
- In der Folge wird das bereits in *Ghost in the Machine* behandelte Leib-Seele-Problem erneut aufgegriffen und auf die Themen Kryokonservierung und Besessenheit ausgeweitet. Rein wissenschaftlich betrachtet ist das Einfrieren eines menschlichen Organs wie des Gehirns bisher indes nicht möglich, unter anderem, weil die unterschiedlichen Zelltypen, aus denen Organe bestehen, auch unterschiedliche Gefriereigenschaften haben und das Gewebe dicker

als bei einzelnen Zellen ist. Hinzu kommt die Gefahr der Eiskristallbildung. Um diese zu verhindern, werden bestimmte Frostschutzmittel verwendet, die wiederum schädlich für den Körper sind. Der Glaube an Besessenheit ist last but not least in vielen Kulturen und Religionen belegt, nicht zuletzt im Katholizismus.

FAZIT

Betrachtet man *Roland* rein von der technischen Umsetzung her, macht die Episode durchaus einigen Spaß. Die Effekte sind gelungen, die Inszenierung ist Mystery pur, die Gaststars James Sloyan, Kerry Sandomirsky und Zeljko Ivanek liefern tolle Arbeit ab, und es gibt zwei grausame Morde. Hinzu kommt eine großartige musikalische Untermalung, die am Ende sogar Anklänge an den *Terminator*-Score nicht ganz verleugnen kann. Schade sind im Gegenzug die vielen Logiklücken und die Tatsache, dass Scully überwiegend als Stichwortgeber fungiert. Die Frage, was die zweite Hauptfigur abgesehen von einigen Dialogen wirklich zur Episode beiträgt, muss an dieser Stelle durchaus erlaubt sein. Für eine vorletzte Folge einer neuen Serie, die auf das Zusammenwirken ihrer Stars angewiesen ist, ist das eindeutig zu wenig. Allerdings muss man den Serienmachern an dieser Stelle die Entstehungszeit der Serie zugutehalten. Wirklich starke Frauenfiguren waren in den frühen und mittleren 90er-Jahren im Fernsehen rar gesät, wie wir bereits im Kapitel über Dana Scully feststellten. Dennoch reicht es nicht für mehr als unteren Durchschnitt.

DER KOLLEGE SAGT …

Ein wenig unfair ist es schon, dass diese Episode so viel Kritik abbekommt, da die thematischen Ermüdungserscheinungen eher ein generelles Problem der Autoren darstellen. Wir haben es hier insbesondere im direkten Vergleich zur Vorgängerepisode *Born Again* mit dem deutlich besseren Versuch zu tun, was primär an den Gaststars und Dialogen, aber auch an der Umsetzung in Sachen Atmosphäre und Musikuntermalung liegt. Die vom Kollegen genannten – und absolut berechtigten – Kritikpunkte werden dadurch zwar nicht ausradiert, der Unterhaltungsfaktor schlägt aber doch den von *Born Again* um Längen. Zudem kann man eine Episode, die so wunderbar an die sprechenden Köpfe aus *Futurama* erinnert, doch eigentlich nur lieben, oder? Erstaunlich, dass mein Kollege und ich ausgerechnet bei diesen beiden aufeinanderfolgenden und viel zu ähnlichen Episoden das Gezeigte derart unterschiedlich wahrnehmen. Hoffentlich kehrt niemand von uns irgendwann zurück, um sich in Gestalt eines anderen dafür zu rächen …

1.24

THE ERLENMEYER FLASK
(DAS LABOR)

»Es ist gleich falsch, Allen oder Keinem zu trauen«, sprach einst der römische Philosoph Lucius Annaeus Seneca. Mulder und Scully lernen diese Lektion im explosiven Staffelfinale auf die harte Tour, finden dadurch aber noch enger zusammen.

INHALT

Deep Throat macht Mulder auf den Fall eines ertrunkenen Flüchtigen aufmerksam. Zunächst scheint daran nichts Besonderes zu sein. Dann findet der Agent jedoch Hinweise auf geheime Experimente mit außerirdischer DNA ...

KEHRTWENDE

Man könnte zunächst annehmen, dass wir es hier nur mit einer weiteren Episode zu tun bekommen, bei der es um eine Person mit übernatürlichen oder übermenschlichen Fähigkeiten geht. Doch weit gefehlt! Insbesondere im Rückblick stellt sich *The Erlenmeyer Flask* vielmehr als (erster) Wendepunkt der Serie heraus, bei der man von den Abenteuern der Woche Abstand nahm und endgültig einer großen Serienmythologie Platz machte.

Zu diesem Zweck kam vor allem Deep Throat noch einmal in großem Umfang und mit einer sehr aktiven Rolle ins Spiel. Umso erschreckender ist sein fast schon humorloses Ende, das uns aber auch zeigt, in was für einem unsicheren Setting die beiden Agenten ermitteln. Bisher hatten wir eher angenommen, die Regierung würde mit Alien-Technologie experimentieren, um beispielsweise bessere Fluggeräte zu bauen. Hier erfahren wir nun, dass es weit darüber hinaus geht. Grausamer Höhepunkt ist das abgelegene Lager mit den Alien-Mensch-Hybriden in den Tanks. Da Scully zum Ende hin immer mehr die Initiative übernimmt, erlebt sie ausnahmsweise aus erster Hand – und nicht nur durch Mulders Monologe, – was möglich ist. Die Ausführungen von Deep Throat, Mulders Entführung und ihre Kooperation zur Rettung ihres Kollegen, die den Informanten schließlich das Leben kostet, müssen sie für immer verändert haben. Doch setzt Skinner ausgerechnet an diesem Punkt – und bestimmt unter dem Druck des Rauchers – den Ermittlungen des Duos zunächst ein Ende. Die Zukunft ist offen. Wäre die Serie damals an dieser Stelle abgesetzt worden, hätte man es fast als rundes Ende bezeichnen können. Zum Glück war es aber erst der Anfang von etwas noch Größerem.

KLEINE SCHÄTZE

Die Episode lebt außerdem von ihren kleinen Momenten. So erkennt Scully ein mögliches Motiv für Deep Throats Faszination für Mulder (»Er tut das, weil *Sie* das anmacht.«), was diesem sofort zu denken gibt. Allerdings deutet sein Verhalten eher darauf hin, dass er die ganze Zeit ein doppeltes Spiel gespielt hat, um die Machenschaften der Regierung mit Hilfe von Mulder und Scully aufzudecken (Stichwort: Whistleblower). Dann ist sie es, die von dem dritten Basenpaar in dem Bakterium erfährt und miterleben muss, wie die Ärztin, die diese Entdeckung gemacht hat, sofort ausgeschaltet wird. Somit erlebt sie hier am eigenen Leib, wie Mulder sich immer fühlen muss, wenn man ihm die Wahrheit im letzten Moment entreißt. Und schließlich entschuldigt Scully sich bei Mulder und erklärt, sie müsse langsam wissen, dass man seinen Instinkten trauen kann. Auf sein sarkastisches »Wieso? Niemand sonst tut das.« reagiert sie ganz wundervoll. Ein sanftes, fast schon verschämtes Lächeln umspielt ihre Lippen und wir dürfen erneut ahnen, dass bei diesen beiden mehr im Busch ist, als man damals bei der Erstsichtung vielleicht vermutet hätte.

KICKSTART!

So schaltet die Serie zum Schluss also in nur 45 Minuten gleich mehrere Gänge hoch. Eine liebgewonnene Figur ist tot, die X-Akten sind geschlossen. Scully hat mit eigenen Augen gesehen, was hinter den Kulissen vor sich geht, und Mulder ist (natürlich) bereit, den Kampf trotz aller Widrigkeiten weiterzuführen. Mit dem Projekt »Purity Control« und den Machenschaften des Rauchers sowie der unklaren Rolle von Skinner hat man den Boden für die weiteren Entwicklungen hervorragend bereitet.

Eines muss man sich dabei vor Augen führen: Geschrieben wurde die Episode von *Akte X*-Boss Chris Carter persönlich, dem man heute – insbesondere in der analytischen Rückschau – meist vorwirft, die Mythologie nicht im Griff gehabt zu haben. Dazu kommen wir sicher in den späteren Bänden dieser Sachbuchreihe noch. Hier jedoch lieferte er Perfektion ab und drehte die Spannungsschraube auf Anschlag.

WISSENSWERTES

- Mit zehn Drehorten und fünf großen Aufbauten auf den Tonbühnen wurde *The Erlenmeyer Flask* zu einem Großprojekt für das Produktionsteam. Ein solcher Aufwand war in den 90er Jahren für eine noch recht junge Serie sehr ungewöhnlich.
- Obwohl die meisten Szenen, die Mulder in seiner Wohnung zeigen, bisher im Studio gedreht worden waren, wählte man für diese Folge ein Apartment in einem Gebäudekomplex namens The Wellington in Kitsilano im nordwestlichen Teil von Vancouver.
- Jerry Hardin ließ sich für die dramatische Todesszene seiner Figur Deep Throat viel Zeit, um einen möglichst perfekten Auftritt zu absolvieren. Dadurch geriet das Team in ein Zeitproblem, weil die Szene abgedreht sein musste, bevor die Sonne aufging.
- Chris Carter erinnert sich: »An *The Erlenmeyer Flask* habe ich nichts weiter als gute Erinnerungen. Die Episode hat großartige Bilder und machte die erste Staffel rund. Vor allem aber erreichten wir genau das, was wir vorgehabt hatten. Es war schockierend für viele Fans. Glen erzählte mir sogar von der Nachricht einer Frau auf seinem Anrufbeantworter, die mit zitternder Stimme fragte: ›Was habt ihr getan?‹ Das Publikum konnte es nicht fassen, dass wir eine so populäre Figur töteten und die X-Akten schlossen.«
- Fox stemmte sich zunächst vehement gegen das Ende der Episode, weil man befürchtete, die Zuschauenden würden die Serie damit als abgeschlossen betrachten. Es kostete Glen Morgan, James Wong und Chris Carter viel Mühe, die Verantwortlichen vom Gegenteil zu überzeugen.
- Gegenüber Jane Goldman berichtete Chris Carter, dass er Regierungsverschwörungen im Allgemeinen für ein sehr reales Phänomen halte. Er zeigte sich auch überzeugt davon, dass die US-Regierung UFO-Untersuchungen durchführe. Diese Ansicht hat sich spätestens seit 2017 bestätigt, als Berichte über drei von Kampfpiloten

aufgezeichnete UAP-Sichtungen bekannt wurden. 2020 veröffentlichte die Navy die entsprechenden Videos, und seit 2023 verfügt die Regierungsbehörde All-Domain Anomaly Resolution Office (AARO) über eine Website zur Meldung und Untersuchung von ungeklärten Sichtungen im US-amerikanischen Luftraum.

- Funfact: Der ominöse Danny, den Mulder zu Beginn der Folge anruft und an den er sich noch öfter wenden wird, ist nach David Duchovnys Bruder benannt. Die Figur tritt in der Serie nicht persönlich auf.

FAZIT

Was für ein Knalleffekt zum Abschluss eines ohnehin starken Jahres! Die Macher bieten uns mit *The Erlenmeyer Flask* nicht nur eine perfekte Episode an, sondern feuern auch in Sachen übergeordneter Serienmythologie erstmals ungehemmt aus allen Rohren. Für Mulder und Scully war nach diesen Ereignissen nichts mehr wie zuvor. Und die Zuschauer konnten die Fortsetzung damals kaum erwarten. Das gilt sogar noch heute. So geht Fernsehen, das selbst drei Jahrzehnte nach Erstausstrahlung noch mitreißt. Kudos!

DER KOLLEGE SAGT …

The Erlenmeyer Flask ist ein genialer Abschluss für die erste Staffel. Die Episode treibt die Serienmythologie voran, ist von der ersten bis zur letzten Minute spannend und folgt dem guten alten Autorengrundsatz »kill your darlings«. Auch wenn man das Finale noch so oft gesehen hat: Es schnürt einem immer wieder die Kehle zu, mit anzusehen, wie unspektakulär Deep Throat letztlich stirbt. Ein einzelner Schuss im Dunkeln, in der Halbtotalen gefilmt, das Zusammensacken des Körpers in der Kälte der Nacht. Minimalistischer und gleichzeitig dramatischer kann das Ende einer beliebten Figur nicht inszeniert werden. Dazu kommt der legendäre Satz: »Vertrauen Sie niemandem«, den der in Scullys Armen Sterbende ausgerechnet ihr anvertraut. Überhaupt ist dies die erste Folge, in der Dana das Ruder übernimmt, nur um herauszufinden, dass Mulder die ganze Zeit über mit seinen Vermutungen recht hatte. So enthüllt man ein eigentlich schon lange bekanntes Geheimnis endgültig. Abgesehen von dem tollen Erzähltempo, der spannenden Geschichte und dem grandiosen Finale fällt allerdings noch etwas auf. Goodwin leistet als Regiedebütant im wahrsten Sinn des Wortes Fantastisches. Die Kameraführung und die Beleuchtung sind ein Traum, das Tempo ist genau richtig, und die Schnittführung tut ein Übriges. Die letzte Szene glänzt dann noch mit der Hervorhebung eines Spielers, der über die Season hinweg beinahe unauffällig aufgebaut wurde: der Krebskandidat. Ein Pessimist, wer in diesem Moment noch nicht zumindest ahnte, dass es auf jeden Fall weitergehen würde.

STAFFELFAZIT

Würde man die erste Staffel von *The X-Files* lediglich anhand des von uns ermittelten Notendurchschnitts bewerten (2,67), käme man leicht zu dem Schluss, dass die Serie nicht besser oder schlechter als die meisten ihrer Zeit ins Quotenrennen startete. Rein sachlich gesehen mag das sogar zutreffen. An dieser Stelle kommt allerdings ein großes Aber ins Spiel, denn nicht viele Auftaktfolgen sind so eindrücklich und geben uns einen nahezu perfekten Hinweis darauf, was uns in den folgenden Abenteuern erwartet, wie es bei *Pilot* aka *Gezeichnet* der Fall war.

Nicht umsonst zeigen sich die beiden Autoren dieses Buches in ihrer Meinung zum Debüt weitestgehend einträchtig. Bereits in der zweiten Episode wurde mit Deep Throat – ein klarer Verweis auf den Watergate-Skandal – eine nebulöse Figur in die Show eingeführt, die das Publikum zugleich fürchten und lieben durfte. Die erste Monster-of-the-Week-Story namens *Squeeze (Das Nest)* barg dann pures Gold in sich. Sie wurde vollkommen zu Recht mit *Tooms (Ein neues Nest)* weitergesponnen und zu einem gruselig spannenden Ende gebracht. Obwohl es danach etwas ruhiger zuging und mit *The Jersey Devil (Der Teufel von Jersey)* ein kleiner Tiefpunkt erreicht war, wusste selbst diese Episode trotz ihrer unstrittigen Fehler immerhin so sehr zu gefallen, dass sie schwerlich als Totalausfall zu bezeichnen ist. Dieser Qualitätslevel zog sich durch die gesamte Season.

Wie in jeder Serienstaffel gab es unvergessliche Klassiker, mittelstarke und minderprächtige Kandidaten. Richtig schlecht wurde es aber glücklicherweise (fast) nie, wodurch Chris Carter, James Wong und Glen Morgan gemeinsam mit dem restlichen Autorenstab ein kleines Kunststück gelang.

Die Liebe zum Detail, der hohe Motivationsgrad und das richtige Gefühl für mysteriöse Ereignisse und Verschwörungstheorien, die bereits hier stark verankert wurden, brachten Perlen wie *Ice (Eis), Fallen Angel (Gefallener Engel), Eve, Beyond the Sea (Die Botschaft), Young at Heart (Ewige Jugend), E.b.e. (Täuschungsmanöver), Darkness Falls (Der Kokon)* und selbstverständlich *The Erlenmeyer Flask (Das Labor)* hervor. Diese gelten heute zu Recht als Klassiker und lassen sich als Vorboten auf den wilden (UFO-)Flug verstehen, der noch auf uns zukam.

Der Preis für den hohen Anspruch war ein mörderisches Tempo, wie es Robert Goodwin einst ausdrückte, der verdiente Erfolg hingegen ein Golden Globe im Jahr 1994, der *Akte X* auf ein neues Level hob und dafür sorgte, dass die Zuschauerzahlen später rasant in die Höhe schnellten – zum Glück für uns alle.

"Was ist das für ein Geräusch?"
"Da kotzt sich einer aus."
"Sie sind in einer Ausnüchterungszelle?"
"Glauben Sie, ich lasse jemanden in mein Hotelzimmer kotzen?"

Scully & Mulder

SPOTLIGHT

Der Pilotfilm als Roman und Comic im Vergleich

Als *The X-Files* aka *Akte X* am 10. September 1993 in den USA startete, konnte Fox nicht wissen, dass man pures Gold in den Händen hielt. Das änderte sich spätestens mit dem Finale der Debütstaffel, als sich herausstellte, dass die Zuschauerzahlen nicht nur konstant blieben, sondern sogar stiegen. Der Erfolg beflügelte Fox, die Merchandisemaschine heiß laufen zu lassen und damit zu beginnen, den Literaturmarkt zu fluten. In Januar 1995 startete der mehrheitlich auf Sammelkarten spezialisierte Verlag Topps mit seinem neuen Verlag Topps Comics eine Serie zu *The X-Files*, geschrieben von Stefan Petrucha und gezeichnet von Charles Adlard, der später den Großteil von *The Walking Dead* zeichnete. Im ersten großen Handlungsbogen der ersten zwölf Hefte geht es um die Fatima-Prophezeiungen. Im selben Monat, genauer gesagt bereits am 1. Januar, war aber noch etwas anderes geschehen. An diesem Tag erschien in den USA unter dem Titel *X Marks the Spot* mit der ISBN-13. 978-0006751823 der erste Roman in Form einer Pilotfilmadaption von Les Martin. Für die damalige Zeit durchaus nicht selbstverständlich, schaffte es das Werk noch im selben Jahr in die deutschen Buchläden. Auf dem mehr schlecht als recht gestalteten Cover war dann aber, zugespitzt ausgedrückt, beinahe mehr Text zu lesen als im eigentlichen Roman: »Ein Roman von Les Martin auf Basis der gleichnamigen Fernsehserie von Chris Carter. *Akte X-Stories* nach einem Drehbuch von Chris Carter. *Band 1: Gezeichnet*«.

Viel sperriger ging es nun wirklich nicht. Gut, auf dem Cover prangte ein großes grünes ›X‹, und auf einem Foto blicken Mulder und Scully wissend und ernst in die Kamera empor. Die Farbgebung würde man heutzutage indes vielleicht wohlwollend als ›mutig‹ umschreiben. Das alles war seinerzeit natürlich nicht tragisch. Man freute sich als Fan darüber, überhaupt Lesestoff in den Händen halten zu dürfen, und so schlugen zahlreiche Fans schließlich zu, als der seinerzeit für Filmbücher bekannte vgs-Verlag endlich loslegte. Die Freude dürfte sich allerdings für viele Lesende schnell in Enttäuschung verwandelt haben, denn die deutsche Übersetzung (die naturgemäß länger als das englische Original ist) umfasst nur ganze 123 Seiten, von denen die ersten fünf schon für das übliche Verlagsvorgeplänkel draufgehen. Hinzu kommen knappe 18 zwischen den einzelnen Kapiteln angesiedelte Leerseiten. Umrahmt werden diese von einem großzügig gestalteten Layout, sodass man im Endeffekt bei einer gemütlichen Herangehensweise auf ungefähr 50 Minuten Lesezeit kommen dürfte, was in etwa 50000 Zeichen entspricht. Das ist natürlich viel zu wenig, um von einem wirklichen Lesevergnügen sprechen zu können, und es fühlt sich selbst 30 Jahre später mehr nach Geldmacherei als nach einer liebevollen Adaption an. Hinzu kommt, dass der Roman entweder extrem schlecht geschrieben oder schlecht übersetzt oder schlimmstenfalls beides ist. Mulder wirkt auf den wenigen Seiten durchweg unsympathisch und bekommt von Martin eine Tonalität in den Mund gelegt, die er in der Folge so nur in den ersten Minuten präsentiert. Auch die hinzugefügten Szenen zu Beginn des Romans, in denen Scully zunächst an der Akademie lehrt, sind dramaturgisch schwach und tragen nichts Erhellendes zur Figur bei. Die im Text vorkommende überflüssige Figur des Agent Jones ist im Film praktisch nicht existent und bleibt blass wie eine Kalkwand. Zur Ehrenrettung sei an dieser Stelle aber gesagt, dass zumindest die Sequenz, in der Scully an der Akademie gerade Studenten unterrichtet, tatsächlich angedacht war. Sie ist sogar in der Skriptrevision mit dem Farbcode Pink nachzulesen, die übrigens seit dem 15. März 1993 die sechste ihrer Art war. Konkret handelt es sich um den Beginn von Szene Nummer sechs, die auf Seite 3 des insgesamt 59 Seiten starken Drehbuchs zu finden ist. In Anbetracht der fertigen Episode taten die Produzenten und Regisseur Robert Mandel aber schon allein aus Pacing-Gründen gut daran, sie herauszukürzen und Scully schließlich genau bei Minute 2:22 das FBI-Hauptquartier betreten zu lassen. Statt aber zu Recht gestrichene Passagen in einen Roman zu überführen, wäre es sinnvoller gewesen, tiefer in die Gefühlswelt der Protagonisten abzutauchen und den Text so auf eine akzeptable Länge zu strecken.

Wesentlich besser macht es da der 1997 erschienene Comic aus der Season 1 Collection von Topps, der Teil einer achtbändigen Reihe mit adaptierten Folgen ist. In Deutschland erschien der Band unter dem Label FeestComics, das bereits 1991 an die Egmont Ehapa Verlags GmbH verkauft worden war. Die gelungene Skriptumsetzung stammte im Original von Roy Thomas (übersetzt von Frank Neubauer), die Zeichnungen von John van Fleet, der auch Hand an zahlreiche *Star Wars*- und Superheldencomics legte. Über den bisweilen kantig wirkenden Zeichenstil mag man streiten, wobei die Figuren samt und sonders grandios umgesetzt ist. Ein wenig unglücklich ist hier und da vielleicht die Farbgestaltung, die dazu führt, dass man den Inhalt mancher Kästen kaum erkennt. Durchweg lobenswert ist hingegen die Umsetzung der Geschichte, die praktisch eins zu eins der Filmvorlage entspricht und mit 46 Seiten einen angemessenen Umfang hat. Der Kaufpreis war mit 14,80 DM relativ hoch angesetzt, die Anschaffung lohnte sich aber in jeder Hinsicht – und tut es für Fans bis heute noch.

"Vielleicht sollten wir hinter die Bühne gehen und sehen, was der Reverend uns zu sagen hat." "Nein, warten Sie, jetzt kommt doch bestimmt gleich Elvis!"

Scully & Mulder

FAKT UND FIKTION

Teil 1: Roswell, die »Mutter« der modernen Ufologie

Berichte und Dokumente über unidentifizierte Flugobjekte (Unidentified Flying Objects), heute auch als UAP (Unidentified Aerial Phenomena) bezeichnet, gibt es nicht erst seit dem 20. und 21. Jahrhundert. Man denke nur an das berühmte Nürnberger Flugblatt von 1561, das sich bis heute trotz einiger Ansätze einer eindeutigen Interpretation entzieht. Doch erst der sogenannte »Roswell-Incident« sorgte dafür, dass UFOs und Aliens aus der modernen Popkultur und damit auch aus *The X-Files* (vgl. u a. *Fallen Angel,* die klare Bezüge auf den Fall aufweist) nicht mehr wegzudenken sind. In der modernen Medienlandschaft nahm das UFO-Phänomen zweifelsohne erst mit dem angeblichen Absturz eines Raumschiffs am 14. Juni 1947 auf der J.B. Foster-Ranch, etwa 120 Kilometer nordwestlich von Roswell in New Mexico gelegen, Gestalt an. Die zu dem Objekt gehörenden Trümmerteile wurden vom Betreiber der Farm entdeckt, von William Mack Brazel, der den Fund an den zuständigen Sheriff meldete und seine Angaben später gegenüber dem AP-Reporter Jason Kellahin sowie dem Air-Force-Offizier Major Jesse Marcell wiederholte.

ALU STATT ALIEN

Grundsätzlich hätte sich der Fall an dieser Stelle eigentlich bereits erledigt. Denn der Publizist Uli Thieme übersetzt in seinem hervorragenden Buch *Roswell – Ein UFO Mythos stürzt ab* auf Seite zwölf einen Ausschnitt aus einem Zeitungsartikel des Roswell Daily Record vom 9. Juli 1947, in dem es heißt: »Brazel erzählte, daß er und sein 8-jähriger Sohn Vernon am 14. Juni etwa 11 oder 13 km vom Ranch-Haus der J.B. Foster-Ranch, die er betrieb, entfernt waren, als sie auf eine große Fläche heller Wrackteile aus Gummistreifen, Alufolie, einem eher robusten Papier und Stöcke stießen.« (unveränd. Originalzitat). Da Thieme eine Kopie des Artikels auf Seite 69 abdruckt, lässt sich seine Übersetzung unzweifelhaft verifizieren. Laut der aufgeführten Fakten berichtet Brazel entsprechend nichts davon, dass ihm das Material der von ihm gefundenen Wrackteile unbekannt gewesen sei. Doch wie kam es dann dazu, dass Jesse Marcel später in diversen Interviews, die in zahlreichen Sachbüchern und Dokumentationen auch in Deutschland publik wurden, behauptete, es sei »nichts von dieser Welt« gewesen? Das Interessante ist, dass es von Anfang an äußerst widersprüchliche Presseberichte über den Vorfall gab. De facto lässt sich anhand der erhaltenen Dokumente weder belegen, wann genau Brazel das Wrack fand, noch ob überhaupt eine schriftliche Presseerklärung seitens der Air Force am 8. Juli 1947 herausgegeben wurde. Auch ob Brazel alleine war oder Zeugen am Fundort zugegen waren, ist nicht sicher. Sicher ist allerdings, dass nur drei Stunden nach der Veröffentlichung durch die Presse ein offizielles Dementi seitens des Militärs folgte, über das die Washington Post am 9. Juli schrieb: »Für drei hektische Stunden letzte Nacht dachte die Air Force – und mit ihr die Welt – dass sie in den Besitz einer dieser fabulösen ›fliegenden Untertassen‹ gelangt sei. Doch sie war es nicht.«

MOGUL

Nicht, dass die Meldung der Wahrheit entsprochen hätte. Denn in demselben Artikel ist von einem Teil eines Wetterballons des Typus Box-Kite die Rede, wie sie von meteorologischen Stationen des United States Weather Bureau und der Army verwendet wurden. Wenn die Verantwortlichen also auch der Presse die Fakten vorenthielten, so blieben sie jedoch zumindest näher an der Realität als Charles Berlitz und William L. Moore in ihrem 1980 erschienenen Bestseller *The Roswell Incident.* Bereits dieses Werk strotzt nur so vor Ungenauigkeiten, Halbwahrheiten, fehlerhaften Zitaten und fragwürdigen Interviews, ganz zu schweigen von dem, was ab jetzt folgen sollte. Immerhin kann man den beiden Autoren zugutehalten, dass sie noch nichts von Project MO-

GUL wussten. Was es mit dem von dem Geophysiker William Maurice Ewing erdachten Projekt auf sich hatte, das 1947 der Geheimhaltungsstufe Top Secret A-1 unterlag, war 1980 schlicht unbekannt, weil die Akten dazu noch nicht veröffentlicht waren. Das geschah erst 1994, nachdem der Politiker Steven Schiff herausgefunden hatte, dass der Roswell-Zwischenfall in den berühmten Project Blue Book-Dokumenten – die übrigens ebenfalls die Serienmythologie von *The X-Files* bereicherten – noch nicht einmal erwähnt worden war. Für diesen Umstand konnte es nur zwei Gründe geben:

1. Der Vorfall war ein so heißes Eisen, dass er in den tiefsten Bunkern verschlossen zur Vergessenheit verdammt war.

2. In Roswell war gar kein UFO abgestürzt, sondern etwas Irdisches, das die Militärs aus welchen Gründen auch immer geheim hielten.

Am 27. Juli 1994 stellte sich schließlich heraus, dass Letzteres der Fall war. An diesem Tag übergab ein Forschungsteam der US Air Force dem General Accounting Office (GAO) einen Untersuchungsbericht, der die Signatur des USAF-Colonels Richard L. Weaver trägt. Der Text führt aus, dass die von Brazel entdeckten – und zu UFO-Wrackteilen avancierten – Aluminium-, Gummi- und Holzstücke zu einem hexagonal geformten Radarziel gehörten. Dieses war wiederum ein Teil des oben erwähnten Project MOGUL, dessen Ziel es war, mittels Radarreflektionen »Schockwellen, die durch sowjetische Nuklearexplosionen erzeugt wurden« (Report Of Air Force Research, Übers. d. Autors) zu dokumentieren. Die Beweislage, auch in Bezug auf die originalen Zeitungsdokumente von 1947 und die kurz darauf geführten Interviews, war eindeutig. In Roswell war kein UFO abgestürzt, sondern tatsächlich eine Art Wetterballon, wenn auch in Form eines geheimen Militärprojekts.

Doch der Mythos hatte sich nicht nur jahrzehntelang hartnäckig gehalten, sondern verfestigte sich nun wie zum Trotz noch weiter. Zahlreiche Ufologen bezweifelten die offizielle Darstellung, unter anderem angefeuert durch ein Jahre zuvor abgedrucktes Interview mit Jesse Marcel, der darauf beharrte, an jenem Tag im Juli 1947 etwas Außerirdisches in den Händen gehalten zu haben. Von nun an überschlugen sich die Artikel und Sachbücher zum Thema geradezu. 1998 erschien von Kevin Randle und Donald Schmitt der Bestseller *Die Wahrheit über den UFO-Absturz bei Roswell*, in dem die Autoren angaben, viele Zeitzeugen selbst befragt zu haben. Im selben Jahr legte Johannes von Buttlar mit *Die Außerirdischen von Roswell* nach, dicht gedrängt an Andreas von Rety, der Fans mit *Geheimbasis Area 51 – Die Rätsel von Dreamland* begeisterte. 2002 schickten sich der ehemalige Lieutenant Colonel Philip J. Corso und sein Mitautor William J. Birnes an, in *Der Tag nach Roswell* zu behaupten, Corso hätte außerirdische Artefakte von dort geborgen, um diese im Reverse-Engineering-Verfahren untersuchen zu lassen. Die Ergebnisse sollten demnach später als Basis für neue, bahnbrechende Technologien dienen.

»EINE LÜGE VERSTECKT MAN AM BESTEN ZWISCHEN ZWEI WAHRHEITEN«

Das Geschäft mit Aliens, UFOs und dem Übersinnlichen an sich boomte in jenen Tagen, daher verwundert die Feststellung nicht, dass dies nur einige der bekanntesten Werke mit entsprechender Thematik sind. Ein Blick auf die Inhalte offenbart indes, dass es die Autoren mit der Wahrheit meist nicht allzu genau nahmen. Der Verfasser dieses Kapitel beschäftigte sich im Jahr 2004 intensiv mit einigen der in den genannten Büchern abgedruckten Details und Aussagen und kam zu verblüffenden Ergebnissen. So sagte der Bestatter Glen Dennis etwa aus, dass er um kurz nach ein Uhr mittags einen Anruf erhalten habe und man ihn gefragt hätte, ob er über Särge für Personen verfüge, die etwa 1,20 Meter groß seien. Circa 45 Minuten später sei ein weiterer Anruf mit der Bitte um Informationen über Konservierungsmethoden von Leichnamen erfolgt. Dennis erzählte Stanton Freeman in der Dokumentation *UFOs are real, Teil 1*:

»45 Minuten später kam ein erneuter Anruf, es gebe einen Todesfall, und ich fuhr hin. Ich wollte meinen Wagen wie üblich vor dem Lazarett parken, doch da standen schon drei Feldambulanzen, und so parkte ich ein Stück weiter. Als ich in das Basishospital ging, musste ich an den Ambulanzwagen vorbei, deren Flügeltüren offenstanden. Ich sah, dass sie aluminiumartiges Material geladen hatten, das aussah wie Edelstahl, das nicht verbogen oder beschädigt war und bläulich schimmerte. Ein anderes Stück war gebogen wie der Boden eines Kanus und trug zehn Zentimeter hohe Zeichen, die mich an ägyptische Hieroglyphen erinnerten. In den anderen beiden Wagen sah es ähnlich aus.«

Randle und Schmitt schreiben hingegen, der Anruf sei erst am Nachmittag erfolgt, und Dennis habe mit einem Krankenwagen einen verletzten Piloten aufgenommen und zur Basis gebracht. Die sich ergebenden Widersprüche sind auffällig. Erstens stimmt die Zeitangabe in beiden Aussagen nicht überein, und zweitens entpuppt sich der »Todesfall« als verletzter Pilot. Zudem lassen sich große Diskrepanzen bezüglich Glen Dennis' Behauptung feststellen, er habe drei Ambulanzen vor dem Basishospital gesehen, die hieroglyphenartige Zeichen enthielten und aluminiumartig gewesen seien. In dem oben erwähnten Sachbuch von Philip J. Corso transportierte man das Bergungsgut nämlich plötzlich in »Zweitonnern« ab, während Johannes von Buttlar schreibt, dass ein »Militärkonvoi, bestehend aus Lastwagen, einem Tieflader, Krankenwagen, Mannschaftswagen und Jeeps« am Einsatz beteiligt gewesen sei. Richtiggehend komisch wird es, wenn man Randle und Schmitt liest, denn bei ihnen blieb eine der drei zuvor geöffneten Ambulanzen geschlossen, wobei ein Militärpolizist vor dem Fahrzeug Wache hielt. Weitere einschneidende Ungereimtheiten führt Uli Thieme in seinem oben erwähnten Buch ab Seite 19 auf. In dem Kapitel *Der Absturz* berichtet er von angeblichen Quellen, deren Originale bis heute nicht aufgetaucht sind, fragwürdigen Zeugenaussagen und falsch wiedergegebenen und/oder schlecht übersetzten Zitaten. Hinzu gesellen sich nicht weniger als fünf vorgebliche Absturzstellen, Zeugen, die wie von Geisterhand verschwanden und offensichtlich nie existiert haben, sowie substanzlose Second-Hand-Aussagen.

DIE GRAUEN

Damit ist das Ende der Fahnenstange jedoch noch nicht erreicht. Die kleinen grünen Männchen, respektive »die Grauen«, die in The *X-Files* ihr Unwesen treiben und eine beinahe beängstigende Ähnlichkeit zu denen in der weltberühmten Santilli-Autopsie haben, sind in diesem Kapitel bislang außen vor geblieben. Die erste Begegnung der dritten und vierten Art erleben wir in der Serie in der Pilotfolge *(Gezeichnet),* gefolgt von *Fallen Angel (Gefallener Engel), E.b.e. (Täuschungsmanöver)* und dem grandiosen Staffelfinale *The Erlenmeyer Flask (Das Labor).*

Die Serienmacher bedienen sich dabei einerseits Beschreibungen über die EBEs (Extraterrestrial Biological Entity), wie sie in angeblichen Zeugenaussagen vornehmlich auch zum Roswell-Vorfall vorkommen. Andererseits spielt zumindest im späteren Verlauf ein gewisses Video eine Rolle, das Thieme zu Recht den »Santilli-Alien-Hoax« nennt. In dem gleichnamigen Kapitel bildet der Autor eine lesenswerte Chronologie der Ereignisse ab. Demnach machten Gerüchte über eine Filmaufnahme, die die Autopsie eines 1947 in Roswell abgestürzten Außerirdischen zeigen sollten, erstmalig im November 1993 die Runde. Beteiligt waren die bekannten Ufologen Don Ecker und Philip Mantle, deren Veröffentlichungen keinen Hehl aus ihrem beinahe bedingungslosen Glauben machen. Bis zum Mai 1995 verdichteten sich in der Szene die Aussagen über den Film, bis Ray Santilli am 5. Mai erstmals die Presse und einige Auserwählte ins London Museum zu einer 28-minütigen Vorführung einlud. Damit war die Sensation perfekt.

Allerdings nicht sehr lange, denn schon bald regten sich ernstzunehmende Zweifel, die zum Teil mit Santillis widersprüchlichen Aussagen über die Herkunft, die Anzahl der Filmrollen und einigen weiteren Dingen zusammenhingen. Doch auch der Film selbst ließ bei näherer Betrachtung nur den Schluss zu, eine zwar gut gemachte, aber letztlich eben doch nicht perfekte Fälschung zu sein. So stimmen viele medizinische Details nicht, und ein »Danger«-Schild, das im Autopsieraum hängt, hat wohl eine merkwürdige Zeitreise in die Vergangenheit erlebt, da das US-Militär dieses Modell erst ab 1967 verwendete. Dennoch blieben viele UFO-Anhänger dem Hoax treu, bis im Dezember 1996 der Kameramann von 1947 in einem sechsminütigen Videoclip auftauchte, der im japanischen Fernsehen gesendet wurde. Allerdings stellte sich der vorgebliche Ex-Militärangehörige später als ein Obdachloser aus Los Angeles heraus, der von Santilli und dem Produzenten Gary Shoefield angeheuert worden war.

So zogen sich die Enthüllungen über den Schwindel hin, bis die Seifenblase 1998 endgültig platzte und zweifelsfrei bewiesen wurde, dass ein Teil des Films, das sogenannte »tent footage«, gefaked war. Was die eigentliche Autopsie anbelangte, begrub das Werk *Alien Autopsy* mit Ant & Dec endgültig die Hoffnungen auf die Echtheit des Santilli-Hoax. Dieses feierte am 8. April 2006 Premiere und präsentierte ein bis ins Detail identisches Alien, das, wie auch jenes im »Roswell-Film«, vom Special-Effects-Künstler John Humphrey stammte. Humphrey selbst beschrieb in der Sunday Times vom 16.4.2006, wie Santilli ihm 1995 den Auftrag für die Herstellung einer Alien-Obduktionsszene erteilt hatte.

MAJESTIC-12

Damit hätte sich der Fall nun wirklich endgültig und unwiderruflich erledigt, wenn nicht Randle/Schmitt und andere Ufologen Unterlagen der berühmten – und ebenfalls tief in der *Akte X*-Mythologie verankerten – Majestic-12-Kommission publiziert hätten. Diese waren einige Zeit zuvor inklusive dem sogenannten PI-40-Dokument von Stanton T. Friedman und William Moore veröffentlicht worden, die behaupteten, unter mysteriösen Umständen in deren Besitz gelangt zu sein. Brisant war unter anderem, dass die Papiere Angaben über die oben erwähnten Autopsieberichte enthalten sollen. Beides sorgte dafür, dass der Roswell-Mythos bis heute eine Fangemeinde um sich versammelt, die felsenfest von dessen Echtheit überzeugt ist. Schaut man sich die in den oben genannten Büchern von Randle/Schmitt und Corso/Birnes teils recht ausführlichen Einlassungen und abgedruckten Kopien der angeblichen Originaldokumente an, könnte man zunächst zu dem Schluss gelangen, hier einer großen Sache auf der Spur zu sein. Doch schon der aus Vannear Bush, Robert Oppenheimer und Albert Einstein bestehende Vorstand lässt die Alarmglocken der Skepsis läuten. Als weitere Mitglieder werden unter anderem der Physiker Dr. Lloyd Berkner, der Navy-Experte und Mitglied der Society of Naval Architects and Marine Engineers Jerome Clarke Hunsaker und der hoch dekorierte Major General (entspricht dem Generalleutnant in Deutschland) Robert M. Montague genannt. Alle zwölf (mit Einstein und Oppenheimer sogar 14) Namen ergeben eine illustre Liste hochrangiger Militärs und Wissenschaftler, die aber mit großer Wahrscheinlichkeit gefälscht ist.

Das FBI befasste sich intensiv mit den vorgeblich am 16. November 1952 erstellten »Eyes Only«-Files und veröffentlichte seine Ergebnisse auf der hauseigenen offiziellen Website. Von den insgesamt 22 Seiten sind ganze dreizehn mit dem Vermerk BOGUS (zu deutsch: Schwindel) versehen. Stanton Friedman drehte den Spieß allerdings nicht ungeschickt um und verfasste einen vom »Fund for UFO Research« mit 16000 Dollar unterstützten Abschlussbericht, in dem er schreibt: »Im Hinblick auf die fraglichen Dokumente liegt die Beweislast bei denen, die behaupten, die Dokumente könnten falsch sein.

Nach mehreren Jahren manchmal sehr intensiver Forschung im Hinblick auf Operation Majestic 12 habe ich unter den Dutzenden von Argumenten, die vorgebracht wurden, noch keines finden können, das zeigt, dass eines der drei Hauptdokumente eine Fälschung darstellt.« In Anbetracht von falschen Rangangaben der ›Beteiligten‹, dummen Rechtschreibfehlern, falsch nummerierten und deklarierten Durchführungsverordnungen (die demnach keine sein können) und einigen Auffälligkeiten mehr ist Stantons Aussage indes überaus mutig.

ERINNERUNGSLÜCKEN?

Wahrscheinlich lesen sich unter anderem deshalb die entsprechenden Sachbücher zum Thema so widersprüchlich abenteuerlich. Randle/Schmitt reden beispielsweise im Kapitel »Die Autopsieberichte« (S. 99 - 104) von drei Körpern, von denen zwei schrecklich entstellt gewesen seien. Ein Wesen hätte jedoch ausgesehen, »als ob es den Absturz überlebt haben könnte«, denn sein Körper sei größtenteils unversehrt gewesen. Colonel Corso berichtet im Gegenzug auf Seite 29 seines Machwerks, dass zumindest ein Alien auf der Flucht durch einen Schuss in den Rücken getötet worden sei. Zeugenaussagen wie die von Len Stringfield speisen sich aus angeblich anonymer Quelle und sind damit wertlos. Dasselbe gilt für die Beschreibung der Außerirdischen selbst, deren Blutfarbe je nach Gusto und Vorstellungskraft der Autoren offenbar wechselt. Bei Randle/Schmitt lesen wir, dieses sei durchsichtig gewesen, während Corso von seinem Chef im Department of the Army Research and Development einen Autopsiebericht erhalten haben will, der eine milchige Flüssigkeit erwähnt. Als wäre all dies nicht schon verwirrend genug, berichten Stringfields ›Quellen‹, die Gewebestruktur der Haut sei unter dem Mikroskop »netzartig« oder »wie ein Gitternetzwerk aus horizontalen und senkrechten Linien« erschienen, während die Haut bei Corso einer »unbekannten, dünnen fettigen Gewebestruktur« glich.

SCHLUSSWORT

Der oben geschilderte Abriss könnte nun den Schluss zulassen, dass UFO-Forschung an sich unseriös sei und sich jede UFO- bzw. UAP-Sichtung als natürliches Phänomen (inklusive jenem der Sensationsgier oder des Sektierertums) erklären ließe. Dies ist allerdings bei Weitem nicht so. Von den zahlreichen Sichtungen, die beispielsweise der Gesellschaft zur Erforschung des UFO-Phänomenen (GEP) jährlich gemeldet werden, bleibt unstrittig ein gewisser Prozentsatz, der sich anhand fehlender Daten oder trotz intensiver Untersuchung seitens der Fallermittlerinnen und -ermittler nicht aufklären lässt. Vereine wie CENAP und die bekannte GWUP standen und stehen wiederum in der Kritik, sich nicht wirklich wissenschaftlich mit den von ihnen gewählten Thematiken zu befassen – und das, obwohl beide Organisationen regelmäßig von der Presse in UFO-Fragen bemüht werden. Falluntersuchungen vom Schreibtisch aus sowie mangelnde Ernsthaftigkeit, die sich unter anderem in der Vergabe zweifelhafter Preise wie »Das goldene Brett vor dem Kopf« statt wissenschaftlicher Analysen manifestieren, sind nur zwei der kritikwürdigen Vorgehensweisen. Anders arbeiten hingegen beispielsweise die GEP und die Gesellschaft für Anomalistik. Sie kontern mit gut ausgearbeiteten Aufsätzen, Essays und Buchveröffentlichungen, die wissenschaftliche Standards erfüllen und objektiv an die Sache heranzugehen versuchen. Zudem gibt es tatsächlich ausführliche und erforschenswerte Sichtbeschreibungen, wie etwa die der UFO-Welle über Belgien zwischen 1989 und 1992, die in einem über 700 Seiten starken Bericht dokumentiert ist. Zwar erwies sich ein Foto, das in dem 1994 in Deutschland erschienenen Buch *SOBEPS: UFO-Welle über Belgien* abgedruckt wurde, im Jahr 2011 durch ein Geständnis als Fälschung. Die eigentliche Welle, die sich übrigens bis nach Luxemburg zog, bleibt letztlich jedoch ein Phänomen, das nach wie vor einer kritischen, aber ergebnisoffenen Betrachtung bedarf. Diese ist in der UFO-Forschung allerdings ein seltenes Gut, wie der von Michael Schetsche und Andreas Anton herausgegebene Band *Diesseits der Denkverbote – Bausteine für eine reflexive UFO-Forschung* offenbart. Umso wichtiger ist es, nachweisliche Lügen und Hoaxes als solche zu entlarven und die Ergebnisse der Öffentlichkeit zu präsentieren. Denn nur so lassen sich beinahe unüberwindbare Stolpersteine für seriöse, um Wissenschaftlichkeit bemühte Forscher überwinden, deren Arbeit schon lange ernstgenommen und stärker in den universitären Bereich verlegt gehört.

DIE ANGST UND DAS BÖSE
EIN FUNDAMENTALES KONZEPT

Teil 1: Regierungsverschwörungen

Konzepte der Angst und des Bösen spielen in *The X-Files* eine große Rolle und sind ein zentraler Bestandteil der Mechaniken der Serie. Viele Fans und Zuschauende beschäftigen sich auch abseits des TV-Events genau deshalb mit UFOs und Aliens, paranormalen Phänomenen, Monstern oder Verschwörungen, weil sie ihnen einen wohligen Schauer über den Rücken jagen und sie in eine alternative Realität entführen, in der beinahe alles möglich zu sein scheint. Dabei spielt es gar nicht unbedingt eine Rolle, ob man an Besucher aus dem All glaubt oder nicht, um ein konkretes Beispiel aufzugreifen. Tatsache ist nämlich, dass ihre Existenz oder Nichtexistenz weder mit letzter Gewissheit verifizierbar noch falsifizierbar ist, was – ob wir es wollen oder nicht – eben auch unseren Zweifel nährt. Wo Glaube existiert, regiert allerdings immer auch die Angst: vor dem lauernden Unbekannten in der Dunkelheit, vor einer Entführung durch die Grauen oder eben davor, Opfer einer großen Regierungsverschwörung zu sein. Die Ziele einer solchen Konspiration liegen dabei klar auf der Hand. Stets geht es auf den Kern heruntergebrochen darum, das einfache Volk für dumm zu verkaufen und in Sicherheit zu wiegen, um ungestört den eigenen Machenschaften nachgehen zu können. In *The X-Files* kulminiert dieser narrative Ansatz in der Serienmythologie einer großen Verschwörung mit dem Ziel, Alien-Mensch-Hybriden zu züchten. Mulders Treffen mit Deep Throat in den Episoden *Deep Throat (Die Warnung), Fallen Angel (Gefallener Engel), E.b.e. (Das Täuschungsmanöver)* sowie *The Erlenmeyer Flask (Das Labor)* markieren den Beginn des großen Komplotts, dem sich Mulder und Scully in der Serie mutig entgegenstellen. Grund genug, einen näheren Blick auf das Konzept der Angst und des Bösen im Allgemeinen – und in Episode 1 unserer Betrachtungen auf Regierungsverschwörungen im Speziellen zu werfen.

KENNEDY

Die in gewissen Kreisen allgegenwärtige Angst vor Regierungsverschwörungen durch böse Elemente ist nicht erst in den letzten Jahren zu einem schwer erklärbaren Phänomen geworden. Doch wie kommt es eigentlich dazu, dass viele Menschen eher bereit zu sein scheinen, unbewiesenen Behauptungen zu glauben als harten Fakten? Und was genau ist eigentlich eine Verschwörungstheorie? Markus Appel und Sarah Mehretab schicken ihrem lesenswerten Aufsatz *Verschwörungstheorien – eine Einführung* eine interessante Definition voraus, wenn sie der Ansicht sind, dass es sich bei dem Phänomen um »ein Geflecht an Überzeugungen« handelt, durch die man die Ursache von nachhallenden Ereignissen oder Phänomenen auf »die Intrigen mehrerer mächtiger Akteure« zurückführen kann. Zur Untermauerung dienen dem Autorenduo eine Reihe von Beispielen, darunter auch ein Ereignis, das zweifelsohne in gleich mehrfacher Hinsicht in den übergreifenden Handlungsbogen von *The X-Files* eingeflossen ist. Gemeint ist die Ermordung von Präsident John F. Kennedy am 22. November 1963 durch den bekennenden Kommunisten Harvey Lee Oswald. Die Tötung des 35. Staatsoberhauptes der USA fügte der Nation ein bis heute nicht überwundenes Trauma zu, das unter anderem dazu führte, dass man konspirative Kräfte innerhalb der Regierung für die Tat verantwortlich machte. De facto gibt es indes glaubhafte Zweifel an einigen Ergebnissen der ab dem 29. November 1963 eingesetzten Warren-Kommission sowie den Untersuchungen des FBI, die den Mord lückenlos aufklären sollten. Der Grund dafür ist retrospektiv betrachtet allerdings recht einleuchtend. Die neue Regierung unter Lyndon B. Johnson hatte große Sorge vor einer behaupteten Mittäterschaft der Sowjetunion, die zu einem Eklat und in der angespannten Lage des Kalten Krieges schlimmstenfalls zu einem Atomkrieg hätte führen können.

AKTE X UND WATERGATE

Bei aller Mythologisierung, die der brutale Mord trotz jener ebenso simplen wie nachvollziehbaren Erklärung nach sich zog, ist es aber auch wahr, dass die Regierung Kennedy, wie sich später herausstellte, in Vietnam im Geheimen agierte. Man ließ die Öffentlichkeit über das wahre Ausmaß der Agitation der USA im Unklaren, um das politische Ziel der Verhinderung des sogenannten Domino-Effekts zu erreichen. Diese für das Vertrauen der Bevölkerung in die Regierung verheerende Ausgangslage führte Jahre später, genauer gesagt 1975, schließlich zu einer weiteren höchst realen Verschwörung. Diese traumatisierte das Land so nachhaltig, dass man die Zeit nach ihrer Aufdeckung heute nicht selten in Anlehnung an jene Affäre Post-Watergate nennt. Es ist allgemein bekannt, dass die Watergate-Affäre auf Befehl von Präsident Richard M. Nixon initiiert wurde. Wir wissen außerdem, dass Nixon auf politischer Ebene von jeher auf Manipulation, Lügen und Konspirationen setzte. Dennoch ist selbst dieses hochbrisante historische Faktum mit zahlreichen Halbwahrheiten und unzulässigen Simplifizierungen durchzogen, die sich in den X-Akten meisterlich durch die Figur des Deep Throat in das Narrativ eingewoben wiederfinden. Einer der Gründe, warum es den Machern der Serie mit solchen Ansätzen gelang, das Publikum zu ängstigen, liegt in der Ohnmacht verborgen, die wir verspüren, wenn wir glauben, dass wir der Politik und ihren Vertretern macht- und hilflos ausgeliefert sind. Ein gutes Beispiel dafür ist die Präsidentschaftswahl in den USA im Jahr 2020. Appel und Mehretab verweisen hier auf eine Studie, die einen signifikanten Zusammenhang zwischen dem Glauben an eine Verschwörung der Demokraten und dem Gefühl des Kontrollverlustes in bestimmten Lebenssituationen aufzeigt. Auf Basis der Tatsache, dass die hier angesprochene These der »existential motives« zudem schon lange im wissenschaftlichen Fokus steht, argumentiert der Medienwissenschaftler Kevin Howley in seinem Aufsatz *Spooks, Spies and Control Technologies in The X-Files* daher zu Recht, dass »*The X-Files* grundlegende Sorgen über die soziale, psychologische und politische Kontrolle aufgreift.« Und weiter: »Sie sind der Ausdruck von tief verwurzelten Ängsten gegenüber diversen Arten von Kontrolltechnologien.« (S. 258, Übers. d. Autors). Doch wie wurde in der Show diese Furcht vorangetrieben? Wie schafften es Chris Carter und sein Autorenstab, »fundamentale Fragen über die individuelle Freiheit, soziale Organisation und politische Autonomie« (Howley, S. 259) aufzuwerfen und uns ein Gefühl der Machtlosigkeit zu vermitteln?

PSYCHOLOGISCHER EGOISMUS

Eine erste Antwort auf diese komplexe Frage bietet uns die beliebte Episode *Fallen Angel (Gefallener Engel),* in der ein Raumschiff mit einem Außerirdischen an Bord in einer Kleinstadt notlandet. Sofort tritt eine geheime Einheit des Militärs auf den Plan, dessen Aufgabe in der Bergung des UFOs und der Eliminierung des Aliens besteht. Mulder kommt in der Episode einer Verschwörung ungeahnten Ausmaßes auf die Schliche, die nicht zuletzt von Deep Throat (Jerry Hardin) forciert wird. Eine weitere wichtige Rolle spielt der UFO-Forscher Max Fenig (Scott Bellis), den wir anfangs für verrückt halten. Am Ende stellt sich jedoch heraus, dass er ein außerirdisches Implantat in sich trägt, das zu seiner Verschleppung durch Aliens führt. Auffällig ist, dass Mulder von Anfang an Steine in den Weg gelegt werden, um seine Ermittlungen vor Ort zu behindern. Als er die Wahrheit – oder das, was er dafür hält – dennoch herausfindet, landet er vor einem Komitee, das ihn suspendieren will. Die Verantwortlichen schmettern jeden seiner Beweise ab, bis er resigniert resümiert: »Was kann ich mit meinen Beweisen schon gegen hochamtliche Lügen ausrichten?« Damit bringt Mulder auf den Punkt, was viele Menschen offensichtlich in die Arme von Verschwörungstheorien treibt, obwohl der

FBI-Agent innerhalb der Erzählung natürlich die richtigen Schlüsse zieht.

In *Fallen Angel* wird sehr deutlich gemacht, dass man sich vor einer Regierung fürchten muss, die Menschen bar jeglicher vernunftbasierter Moral aus reinem Machtinteresse opfert. Die Philosophen Richard M. Edwards und Dean A. Kowalski beleuchten in ihrem Essay *Some Philosophical Reflections on »Trust No One«* die Theorie des psychologischen Egoismus, die besagt, dass der Mensch in seinem Handeln und Streben stets darauf abzielt, sein Glück und sein Wohlbefinden zu mehren. In Bezug auf das Leben in einem Staat bedeutet das, dass wir uns deshalb mit seinen Regeln und Gesetzen abfinden, weil es für uns am vorteilhaftesten und somit am besten so ist. Wir vertrauen der Politik also nicht um des Vertrauens willen, sondern aus rein egoistischen Motiven heraus. In *The X-Files* wird genau dieses Prinzip aber ad absurdum geführt, weil der als Vereinbarung zwischen Ebenbürtigen gedachte Sozialvertrag zwischen Bürger und Staat von der zweiten Partei nicht eingehalten wird. Selbst Scully und Mulder, die fraglos Teil dieses Apparats sind, gelingt es nicht, sich dem zu entziehen, womit die konspirativen Regierungskräfte im Serienkontext zum ultimativen Bösen avancieren. Oder vielleicht doch nicht?

DER BÖSE STAAT

Es ist schon richtig, dass der Staat zu einer Institution wird, der man nicht vertrauen kann und die man bekämpfen muss, um die Wahrheit ans Licht zu bringen. Magne Haland drückt es in seiner Arbeit *Typologies Of Evil In The X-Files* so aus: »In der Show kann man dem Staat nicht trauen. Er lügt, kreiert alternative Wahrheiten, tötet und ist in Experimente an Menschen verwickelt.« (S. 52, Übers. d. Autors). Zwei Seiten später weist er ergänzend darauf hin, dass die Regierung gezielt Menschen zum Schweigen bringt, die der Wahrheit zu nahe kommen, indem Agenten ihre Familien bedrohen oder die entsprechenden Personen diskreditieren. Lügen, Propaganda, Drohgebärden und Gewaltanwendung sind insofern in

The X-Files immer wieder die Mittel der Wahl der hochrangigen und mächtigen Verschwörer. Dennoch stellt sich die berechtigte Frage, inwiefern all dies böse ist, da sich allein schon der Begriff des Bösen einer wirklich greifbaren Definition entzieht. Was eine Person oder eine Institution als gut ansieht, kann je nach Blickwinkel für die andere das genaue Gegenteil sein. Oder als Frage formuliert: Wenn die oben aufgelisteten Taten, die für die Betroffenen zweifelsfrei böse sind, dennoch einen großen Teil der Bevölkerung schützen, sind sie dann nicht moralisch geboten? Damit sind wir bei einem ethischen Konzept der Philosophie angelangt, das sich Utilitarismus nennt und die Maxime vertritt, dass an sich schlechte Handlungen zum Wohle Vieler durchaus gerechtfertigt sein können. An diesem Beispiel wird ersichtlich, dass das Konzept des Bösen nicht leicht zu erfassen ist. Aus diesem Grund weist der britische Philosoph Julian Baggini in seinem Artikel *Zehn Figuren des Bösen* darauf hin, dass das Böse nicht nur wissenschaftlich, sondern auch moralisch eine »problematische Kategorie« ist. Dennoch plädiert er dafür, den Begriff nicht abzuschaffen, nur weil er schwer greifbar ist. Vielmehr bricht er ihn auf die Feststellung herunter, dass das Böse nur eine »einzige allgemeine Eigenschaft« hat: »Es ist extrem schlecht, durch und durch.« Im Hinblick auf das weiter oben angesprochene Motiv einer Tat erscheint es indes geboten, einen kurzen Blick auf die zahlreichen Typen des Bösen zu werfen und festzustellen, welche davon auf das Handeln des Staates in *The X-Files* anwendbar sind.

Während Haland in der oben zitierten Arbeit von vier Typen ausgeht, geht Baggini das Thema etwas differenzierter an und benennt gleich zehn Kategorien, darunter »das natürliche Böse« (etwa Naturkatastrophen), »das systemische Böse« (beispielsweise Sklaverei) und das »zweckmäßige Böse«, das dem Utilitarismus zuzuschreiben ist. Interessant ist für uns in diesem Fall aber ein Typus, den Magne Haland nennt, und zwar das »instrumentelle Böse«. Sein »Ziel ist nicht das Böse an sich, sondern ein Nebenprodukt des eigentlichen Ziels.« Genauso handeln die konspirativen Kräfte, denen Mulder und Scully gegenüberstehen. Die Regierung lügt, droht und mordet nicht etwa aus Lustgewinn, wie es bei Bagginis Typ des »sadistischen Bösen« der Fall ist, sondern eben, um ein bestimmtes Ziel zu erreichen. Wir wissen zunächst nicht genau, welche Pläne die Institutionen verfolgen, mit denen es die Heldin und der Held zu tun haben. Ersichtlich ist jedoch, dass es eine Art Masterplan gibt, den es unter allen Umständen zu erreichen gilt. Diese Erkenntnis betrifft natürlich nicht die Täter an sich, die sehr wohl aus sadistischem Vergnügen handeln können oder deren kaltes Kalkül ihnen weder Lustgewinn noch Bedauern beschert, wenn sie anderen Schaden zufügen (bei Baggini »das gleichgültige Böse« genannt). Für die sie beauftragende Institution gilt aber: »In *The X-Files* erlangen wir keine genaue Kenntnis über die Motivation des Staates, obwohl sie meistens rein eigennütziger Natur zu sein scheint.« (Haland, S. 59, Übers. d. Autors). Doch selbst, wenn wir der Regierung grundsätzlich gute Absichten unterstellen, können wir resümieren, dass sie allein schon deshalb böse handelt, weil sie mit ihrem Tun die Grundfesten der Demokratie erschüttert, durch die sie überhaupt erst eingesetzt wurde. Sie schränkt das Recht auf Freiheit, Unversehrtheit und Gleichheit zugunsten eines angeblich höheren Ziels ein. Deshalb kämpfen Mulder und Scully nicht nur für die Wahrheit, die irgendwo da draußen liegt, sondern für die Demokratie an sich. Denn eine gute Demokratie ist nur unter der Prämisse eines informierten Bürgertums denkbar, da eine wirklich vernünftige Entscheidungsfindung auf Basis von Fake News und Propaganda nicht möglich ist. Mulder mag also die unbeliebte Abteilung der X-Akten vielleicht zunächst übernommen haben, um herauszufinden, was mit seiner Schwester geschah. Doch schon in der ersten Staffel wird klar, dass es in der Serie um mehr geht: darum nämlich, sich der Furcht vor dem Bösen zu stellen und ihm die Stirn zu bieten. Deshalb ist Scully die ideale Partnerin an seiner Seite. Ihr analytisch-wissenschaftlicher Verstand vermag Fake und Fakt zu trennen und mit einer gesunden Portion Skepsis die Begeisterung ihres Kollegen für das Paranormale zu mäßigen. Und das, obwohl dieser meistens richtig liegt und mit seiner Hartnäckigkeit und dem Credo »trust no one« schließlich der Wahrheit näher kommt als je zuvor.

"Hey Scully, glauben Sie an ein Leben nach dem Tod?" "Ich wäre schon mit einem Leben hier zufrieden."

Mulder & Scully

BIOLOGIE IN DER SERIE

Im Gespräch mit Bettina Wurche

Die Planung eines Werkes wie *Die Akte X-Chronik* ist, entgegen einigen möglicherweise anderslautenden Vermutungen, ein recht schwieriger Prozess. Schließlich ist schon so viel über die Serie geschrieben worden, dass es schwerfällt, neue Ideen zu entwickeln. Während der zahlreichen Brainstormings formte sich bei uns der Gedanke, den ausführlichen Episodenbesprechungen einen wissenschaftlichen Rahmen zu verleihen. Mehr noch: Wie wäre es, nicht nur die Science von der Science-Fiction in eigenen Kapitel zu separieren, sondern in jedem Band eine Akademikerin oder einen Akademiker, der in irgendeiner Form mit den Themen in *The X-Files* vertraut ist, zu Wort kommen zu lassen? Dieser Gedanke erschien uns so schlüssig, dass wir uns auf die Suche begaben. Und wir wurden fündig.

In den nächsten Bänden präsentieren wir Ihnen Experteninterviews über spezifische Folgen und Themenbereiche des großartigen X-Franchises. Die Ehre, den Anfang zu machen, hat die Biologin und Paläontologin Bettina Wurche, die nicht nur durch ihre spannenden Artikel bei Heise Online und Spektrum.de bekannt ist. Seit Jahren hält sie vor einem großen und interessierten Publikum zudem Vorträge mit so spannenden Titeln wie *Jules Verne und die Entdeckung der Meeresforschung*, *Klimakrisen und Klima-Kommunikation in der Science Fiction*, *Die NASA, die Aliens und die Delfine* oder *Ozean unter Eis: Gibt es Leben auf dem Jupitermond Europa?* Doch auch der Mars, Steampunk, *Star Trek* und *Star Wars* haben es der umtriebigen Wissenschaftlerin angetan. Mit anderen Worten hätte sich kein besserer Gesprächspartner finden können, um über so ikonische Episoden der ersten Staffel wie *Ice (Eis), Squeeze (Das Nest)* oder *The Jersey Devil (Der Jersey-Teufel)* zu sprechen.

Hallo Bettina. Vielen Dank, dass du dir Zeit für ein Gespräch über die *Akte X* nimmst. Lass uns zu Beginn kurz über dich reden. Was tust du beruflich, und was weckte das Interesse an der Fantastik in dir?

Wurche: Ich habe mich schon in meiner Kindheit für Tiere und Science-Fiction interessiert. Nicht so sehr für Haus- und Kuscheltiere wie Hunde oder Kleinsäuger. Stattdessen interessierte ich mich bereits in Alter von drei Jahren für Dinosaurier und Meerestiere. Die waren von Anfang an mein Schwerpunkt, der sich immer weiter durch mein Leben zog. In meiner Kindheit sah ich mit Freunden gemeinsam Jaques Cousteau und *Raumschiff Enterprise* im Fernsehen. Ich wurde 1966 geboren und habe daher noch einige Folgen der Erstausstrahlungen gesehen, was in meiner Familie auch erlaubt war. Mein Stiefvater war außerdem auch Science-Fiction-Fan, sodass wir die wenige Fernsehzeit, die es zu Hause gab, oft mit *Star Trek* verbrachten und es auch SF-Bücher im Haushalt gab. Als Teenagerin waren dann nicht Pferde, sondern eben Dinosaurier bei mir angesagt. Allerdings gab es niemanden, mit dem ich über das Thema hätte sprechen können. Da es außerdem kein Internet gab, war es schwierig, an gutes Material zu kommen. Dadurch kühlte mein Interesse vorübergehend ab. Mit Anfang 20 erwachte dieses aber erneut, und ich begann, Biologie und Paläontologie zu studieren. Meine Schwerpunkte waren Zoologie, Meeresbiologie und Fischereiwissenschaften sowie Geologie mit dem Schwerpunkt Paläontologie. Meine Diplomarbeit schrieb ich dann über Wale.

Als Biologin und Paläontologin bist du ja geradezu prädestiniert für ein Gespräch über eine der beliebtesten Folgen der ersten Staffel aus *Akte X*. Gemeint ist natürlich die Episode *Ice (Eis)*. In der Geschichte geht um Kernbohrungen im 250000 Jahre alten Eis, die einen wurmartigen Parasiten beherbergen. Klären wir aber zum besseren Verständnis eingangs ein paar sachliche Fragen für die Leserschaft. Was genau sind eigentlich

Kernbohrungen, und warum sind sie so wichtig für die Forschung?

Wurche: Kernbohrungen sind wichtig in der Geologie, Geophysik und Klimaforschung. Sie geben uns Einblick in längst vergangene Zeiten. Es ist seit über 300 Jahren bekannt, dass die jüngeren Erdschichten oben liegen und ältere unten, da sich die Schichten der Erde allmählich ausbildeten und sich daher von unten nach oben überlagern. Je nach Gestein arbeiten Geologen mit verschiedenen Bohrköpfen, um die gewünschte Tiefe zu erreichen. In den Kernen finden sich dann auch fossile Organismen. Noch lebende Organismen sind hingegen sehr selten, es kommt aber in den oberen Schichten oder solchen mit Hohlräumen hin und wieder vor, dass wir auf Mikroorganismen stoßen. Eisbohrungen sind wichtige Grundlagen der Geophysik und der Klimaforschung. Dabei bohrt man tief in die Eisschilde, um weit in die Vergangenheit blicken zu können und so beispielsweise etwas über die Klimaentwicklung der Erde zu erfahren. Eine der berühmtesten Eiskernbohrungen fand übrigens am Süßwassersee Lake Vostok in der Antarktis statt. Die Antarktis war vor vielen Millionen Jahren mit Wäldern bedeckt, die mit der Zeit verschwanden und von einem dicken Eispanzer bedeckt wurden. In einigen Seen blieben auf dem Grund vom Eis gut geschützte Wasserschichten erhalten, in denen Forschende erstaunliche Mikroorganismen fanden, die sehr ungewöhnlich sind. Ein kantiges Bakterium nannte man übrigens scherzhaft Klingon, was ich als *Star Trek*-Fans sehr witzig fand.

Damit kommen wir langsam zum Thema. Wie viele der Organismen lebten denn noch?

Wurche: Die dort gefundenen Bakterien waren meines Wissens alle tot. Es gibt, nebenbei erwähnt, abgesehen von einigen Mikroorganismen nur wenige Organismen, die man einfrieren kann und die nach dem Auftauen wieder ins Leben zurückkehren. Pathogene Erreger wie Pest und Pocken können das aber durchaus, was mit zu einigen spannenden

Szenarien über entsprechende Funde im Permafrost geführt hat. Ein alter Friedhof mit Pockenopfern kann beispielsweise tatsächlich noch zu Ansteckungen führen. Allerdings reden wir hier bestenfalls über einige Jahrhunderte und nicht über Jahrmillionen. Zudem gibt es auch Methanwürmer, die tiefe Temperaturen, Sauerstoffarmut und extremen Druck gern mögen. Die spielen in diesem Zusammenhang aber keine Rolle.

In *Ice* ist von einem Zeitraum von 250000 Jahren und von einem Wurm die Rede, der irgendwie die Zeit überdauert hat. Du hast ja bereits angedeutet, dass die Möglichkeit des Überlebens von Organismen wie Würmern im Permafrost im Allgemeinen sehr unwahrscheinlich ist. Dasselbe gilt in Bezug auf sehr große Zeitspannen höchstwahrscheinlich auch für Mikroben. Doch wie sähe das Szenario deiner Meinung nach bei Alien-Organismen aus?

Wurche: Wir wissen, dass Tardigraden, also Bärtierchen, eingefroren werden können und nach dem Auftauen wieder lebensfähig sind. Bei anderen Organismen ist das schon ein großes Problem, weil durch das Tiefgefrieren die Zellen aufplatzen. Das bedeutet, selbst wenn ein irdischer Wurm über den Permafrost kriechen würde, würden beim Einfrieren die Zellen zerstört. Über außerirdische Organismen wissen wir andererseits überhaupt nichts. Theoretisch kann so ein Lebewesen mit den härtesten Klimabedingungen auf der Erde umgehen. Astrobiologen beschäftigen sich deshalb mit sogenannten Extreme-Environments, weil man bei den bisherigen Nachforschungen eben noch nicht auf eine zweite Erde, sondern auf Planeten mit extremen Eigenschaften gestoßen ist. An dieser Stelle wird es interessant, unter anderem, weil es um Forschungen über die vielen Eismonde geht, die in unserem Sonnensystem inzwischen entdeckt wurden. Die Astrobiologie sucht auf diesen extrem kalten Himmelskörpern nach Grundmolekülen, die Leben ermöglichen könnten. Und natürlich stellt sich dabei auch die Frage nach dem Leben an sich. Ich persönlich finde es sehr plausibel, dass Mikroorganismen, die unter solchen Bedingungen überleben können, auch von viel weiter her stammen mögen.

Lass mich das rekapitulieren: Wenn also ein Organismus in jedweder Form beispielsweise auf einem Meteor mitreist und dieser auf der Erde einschlägt, könnte das Lebewesen das durchaus überstehen.

Wurche: Denkbar wäre es, ja. Allerdings sind die Reise auf dem Meteor und der Einschlag auf der Erde ein Höllenritt.

Kehren wir nun zur Episode *Ice* zurück, in der ein außerirdischer Parasit Menschen dazu bringt, sich gegenseitig umzubringen. Wie denkbar ist dieses Szenario eigentlich? Oder anders gefragt: Könnte ein Parasit seinen Wirt so beeinflussen, dass dieser zum Mörder wird, und wenn ja: Gibt es auf der Erde Organismen, die sich so oder so ähnlich verhalten?

Wurche: Auf der Erde gibt es natürlich Parasiten, die auch ins Gehirn gehen und die ihre Wirte dazu bringen, sich sehr seltsam zu verhalten. Das bekannteste Beispiel hierfür ist vielleicht die Toxoplasmose. Das ist ein Mikroorganismus, der sich in Mäusen als Zwischenwirt einnistet. Die Maus wird durch die Infektion so mutig, dass sie sich aggressiv vor einer Katze aufbaut und dann natürlich gefressen wird. Auf die Katze hat der Befall wiederum oft keine Auswirkungen. Auch beim Menschen verläuft eine Infektion meist komplikationslos – abgesehen von Schwangeren. Aber auf die Maus bezogen ist es schon ziemlich spooky, wenn diese durch einen Parasiten sozusagen vom Fluchttier zum Boxer wird. Es gibt zudem wurmförmige Parasiten, die auch das menschliche Gehirn befallen und dort Zysten ablegen. Die daraus folgenden Veränderungen betreffen aber oft körperliche oder kognitive Ausfälle oder Ähnliches. Generell denkbar wäre es aber, dass beispielsweise ein mutierter Parasit beim Menschen Aggressionen auslösen könnte. Ich könnte mir sogar vorstellen, dass dies im Zuge der Klimakrise und der fortschreitenden Globalisierung für uns ein zunehmend wichtigeres Thema ist. Ich denke da beispielsweise an den Ratten-Lungenwurm, der 2018 auf Mallorca auftauchte und deshalb in die Schlagzeilen geriet. Der Wurm war durch zwei Igel eingeschleppt worden und befindet sich seitdem auf Expansionskurs, auch in Deutschland ist er angekommen. Parasiten sind also auf dem Vormarsch.

Demnach hältst du es auch für wahrscheinlich, dass es Parasitenarten gibt, die wir noch gar nicht kennen, richtig?

Wurche: Absolut. Unsere Forschungen finden überwiegend in Nordamerika und Europa statt, doch in den Tropengürteln ist die Biodiversität ungleich höher. Die Ökosysteme dort sind sehr viel älter, daher konnten sich wesentlich mehr Tierarten entwickeln und entsprechend auch härtere Parasitenkreisläufe entstehen. Ein weiterer Grund ist das wärmere Klima, das in diesen Breitengraden herrscht, denn viele Parasitenarten vertragen die Kälte nicht sehr gut. Gerade Schnecken sind wichtige Zwischenwirte und regelrechte Krankheitsschleudern, wenn man so will. Ich persönlich würde deshalb in den Tropen niemals in ein stehendes Gewässer gehen. Dadurch, dass wir, wie eingangs gesagt, aber eben zentriert forschen, kennen wir viele Erreger und Parasiten bis heute noch gar nicht, die nun durch den Klimawandel immer weiter vordringen. Das war mit SARS-CoV-19 so, mit dem Zika-Virus, und das ist mit Parasiten nicht anders.

Als Phile kommt mir da ein fieser Gedanke. Wäre so ein neu entdecktes Virus oder ein Parasit nicht die perfekte Waffe?

Wurche: Ja, natürlich. Genauso wie man Milzbrand oder Pocken als Waffen einsetzen könnte – und es gab ja offensichtlich auch Planungen in diese Richtung. Es wird einem ganz anders bei dem Gedanken, dass so ein Szenario theoretisch denkbar ist.

Abschließend möchte ich gerne auf zwei weitere *Akte X*-Episoden zu sprechen kommen. Die erste thematisiert die Bigfoot-Legende, nämlich *The Jersey Devil (Der Jersey-Teufel)*. In Anbetracht der Tatsache, dass der moderne Mensch etwa zwei Prozent Neandertaler-DNA in sich trägt, für wie glaubwürdig oder nachvollziehbar hältst du derartige Legenden da, und worin könnten diese begründet liegen?

Wurche: Ohne den Mythos entzaubern zu wollen, denke ich bei Bigfoot-Sichtungen immer spontan an Bärenverwechslungen. Ich glaube, wir sind so weit in die Natur vorgedrungen und haben so technologisch ausgefeilte Möglichkeit der Kartierung, dass ich es mittlerweile für ziemlich ausgeschlossen halte, dass es beispielsweise irgendwo noch urzeitliche Verwandte des Homo Sapiens geben könnte, die wir nur noch nicht entdeckt haben. Gerade in den USA habe ich zudem manchmal die Vermutung, dass dort Spaßvögel am Werk sind, die es lieben, beispielsweise Skifahrern oder Urlaubern einen Schrecken einzujagen.

Und: Neandertaler waren uns deutlich ähnlicher als der angebliche Bigfoot.

Ich stimme dir zu. Nichtsdestotrotz war die Entdeckung der Neandertaler-DNA im modernen Menschen von Svante Pääbo und seinem Team vor einigen Jahren unglaublich spannend und so etwas wie eine Sensation. Du als Biologin: Was glaubst du, was sonst noch in unseren Genen lauert?

Wurche: (lacht) Oh, den meisten Menschen ist beispielsweise überhaupt nicht bewusst, wie viel vom Fischgehirn noch in ihnen steckt und wie weit das bis ins Rückenmark hineinreicht. Wir neigen dazu, zu glauben, dass wir die Herrinnen und Herren unserer Gedanken seien. Total selbstbestimmt und frei in unseren Entscheidungen. Das stimmt aber einfach nicht. Im Großen und Ganzen werden wir durch unser Fischgehirn gesteuert, das Reptiliengehirn und durch das, was im Laufe unserer Evolution dazukam. Freie Willensentscheidungen treffen wir also eigentlich sehr wenige. Das finde ich hochinteressant.

Die zweite Folge, die ich gerade angedeutet habe, ist *Squeeze (Das Nest)*, in der ebenfalls ein spezieller Menschentypus mit erstaunlichen Fähigkeiten vorkommt. Beispielsweise ist Eugene Tooms, der Bösewicht der Folge, so extrem biegsam, dass er sich durch die schmalsten Lüftungsschächte schlängeln kann. Außerdem verpuppt er sich, geht damit in eine Art Winterschlaf und lebt ungewöhnlich lange. Was glaubst du, wie man auf die Idee kommt, so eine Kreatur zu erschaffen? Gibt es vielleicht sogar in der Biologie Lebewesen, die hier als Vorbild gedient haben könnten?

Wurche: Natürlich gibt es Lebewesen mit ähnlichen Eigenschaften. Ein ganz banales Beispiel sind Katzen. Sie haben kein Schlüsselbein, weshalb sie sich extrem klein machen können und sich durch engste Schächte hindurchpressen. Katzenbesitzer können ein Lied davon singen, dass die Katze überall durchpasst, wo ihr Kopf hindurchkommt. Beim Menschen ist extreme Biegsamkeit wiederum eine Kombination aus genetischer Veranlagung und Training von frühester Kindheit an. Die Verpuppung, die du gerade angesprochen hast, stelle ich mal in den Zusammenhang mit der Urangst des Menschen vor Insekten. Insekten sind in der Fantastik als Endgegner geradezu prädestiniert, angefangen bei übermenschlich großen Tieren, die uns fressen, bis hin zu der Idee, dass Menschen eingesponnen werden, um als Nahrung für den Nachwuchs zu dienen. Für meinen Vortrag *Der Star Wars Zoo* habe ich mir beispielsweise eigens eine Toolbox ausgedacht und durchgespielt, aus was für irdischen Organismen die Tierwelt *in Star Wars* besteht. Da wir über keine anderen Vorbilder verfügen, ist nichts Ungewöhnliches dabei, das die Film- und Serienmacher hier vielfältig kombinieren.

Letzte Frage: In *Akte X* geht es in der Serienmythologie um eine große Regierungsverschwörung und den Wunsch vieler Menschen, eher an Verschwörungsmythen

und Fake-News zu glauben als an harte Fakten. Was bewegt Menschen deiner Meinung nach dazu?

Wurche: Ich glaube, dafür gibt es mehrere verschiedene Gründe. Einer ist sicherlich, dass zwar jeder Mensch in der westlichen Welt Zugang zu guter Bildung hat, die unglaubliche Geschwindigkeit der fortschreitenden Technologien aber Sorge und Angst bereiten. Das könnte viele überfordern, sodass es schlicht einfacher ist, an unbewiesene Behauptungen zu glauben. Ein anderer Grund ist vielleicht in der Art begründet, wie Wissenschaft praktiziert wird. Wir gehen nach dem berühmten Prinzip »Ockhams Rasiermesser« vor, bei dem man mittels Ausschlusses versucht, auf die naheliegendste Lösung zu kommen. Die naheliegendste und wahrscheinlichste Erklärung ist also in der Regel die richtige. Vielen Menschen könnte das zu direkt erscheinen und vielleicht auch zu wenig aufregend. Ich könnte mir vorstellen, dass es eine Reihe von Leuten gibt, die das Mystische und Spannende brauchen, einfach, weil es auf den ersten Blick interessanter ist. Das Bedürfnis nach guten Geschichten, die gemeinsam erzählt werden, scheint uns ja auch angeboren zu sein.

Vielen Dank für das spannende Interview, liebe Bettina.

Wurche: Gerne, es hat mir großen Spaß gemacht.

"Es ist noch da Scully. Schon seit 200.000 Jahren ... unter dem Eis."
"Lassen Sie es dort."

Mulder & Scully

ENTHUELLUNGSTAGEBUCH

Für den Hinterkopf: Was bisher geschah

- Mulder glaubt, dass seine Schwester Samantha von Außerirdischen entführt wurde, als er zwölf und sie acht Jahre alt war. *(Pilot)*
- In einem geheimen Raum im Pentagon werden viele verschiedene Beweisstücke untergebracht. Der Raucher wird in diesem Zusammenhang erstmals in Aktion gezeigt. *(Pilot)*
- Die Jugendlichen haben alle Implantate, die offenbar wie eine Fernsteuerung funktionieren. *(Pilot)*
- »Sie« sind schon lange unter uns. (Die tiefe Stimme aka Deep Throat in *Deep Throat*)
- Das Militär entwickelt geheime Flugobjekte, die auf außerirdische Technologie schließen lassen (*Deep Throat*)
- Außerirdische entführen immer wieder Menschen zu Untersuchungszwecken; Samantha Mulder ist seit ihrer Entführung verschollen *(Conduit)*
- UFO-Abstürze werden vom Militär vertuscht. Im Zweifelsfall wird Druck ausgeübt. *(Fallen Angel)*
- Deep Throat ist nicht nur Mulder wohlgesonnen, sondern scheint sich auch mit den wichtigen Personen beim FBI gut zu stellen. *(Fallen Angel)*
- Aliens setzen offenbar Strahlung frei. *(Fallen Angel)*
- Obwohl Mulder den Verschwörern hinter den Kulissen offenbar nützlich ist, schweben die X-Akten ständig in Gefahr, geschlossen zu werden. *(Fallen Angel)*
- Offenbar leben einige Aliens (Formwandler) als eine Art Sekte jahrzehntelang unter Menschen *(Gender Bender)*
- Deep Throat und zwei weitere Menschen haben bisher je ein Alien getötet *(E.B.E.)*
- Nach dem UFO-Absturz von Roswell haben sich die USA, die Sowjetunion, Frankreich und das geteilte

Deutschland darauf verständigt, Aliens, die auf ihrem Staatsgebiet landen, sofort zu töten. *(E.B.E.)*

- 1987 wurden die Kinder ahnungsloser Eltern mit geklonter Alien-DNS geimpft. *(The Erlenmeyer Flask)*
- Die Verschwörer besitzen einen Alien-Fötus und planten, damit einen Alien/Mensch-Hybriden zu entwickeln. Das Projekt heißt »Purity Control«. *(The Erlenmeyer Flask)*
- Laut Deep Throat gab es deutlich bessere Bergungsoperationen als die in Roswell. *(The Erlenmeyer Flask)*

Mit diesen Informationen und vielen offenen Fragen entließ man die Zuschauer in die Pause. Mulder hatte bereits einiges erfahren, Scully erlebt, dass doch nicht alles rational zu erklären ist (auch wenn sie es konsequent versuchte) und Deep Throat überraschend sein Leben verloren. Zudem schloss man die X-Akten. Mit Skinner, dem Raucher und den Einsamen Schützen waren bereits einige wichtige weitere Figuren etabliert worden.

Als Autoren dieser Sachbuchreihe freuen wir uns bereits auf das zweite Jahr der Serie, in dem sich die Ereignisse in mehrfacher Hinsicht überschlagen sollten. Nicht vergessen: **Die Wahrheit ist irgendwo da draußen und wir werden sie gemeinsam finden!**

Reinhard "Mulder" Prahl:
Er sucht viel zu selten nach der Wahrheit, dafür aber äußerst gern im Schrank nach einer Tüte seiner Lieblingskekse.

Björn "Scully" Sülter:
Auch, wenn der Kollege ausnahmsweise mal absolut recht hat, bleibt "Ja, aber" stets sein liebster Satzanfang.

LITERATURTIPPS

Antonov, Martin (1995): Sedimentationsmuster um den Vesteris Seamount (Zentrale Grönlandsee) in den letzten 250000 Jahren, Geomar Report 44, Kiel

Appel, Markus, Mehretab, Sarah (2020): Verschwörungstheorien - eine Einführung: in: Die Psychologie des Postfaktischen: über Fake News, »Lügenpresse«, Clickbait und Co, S. 117 – 126, Springer, Berlin

Baggini, Julian (2018): Zehn Figuren des Bösen, in: Philosophie Magazin, Sonderausgabe 11, S. 34 - 39, Philomag Verlag GmbH, Berlin

div. (2018): The Ultimate Guide To The X-Files, Entertainment Weekly Collector's Edition, Time Inc. Books, New York

Edwards, Ted (1996): X-Files Confidential. Episodeguide To Series One, Time Warner Paperbacks, New York

Edwards, Ted (1997): X-Files Confidential, Second Edition, Time Warner Paperbacks, New York

Goldman, Jane (1996): Akte X. Das Buch der unerklärlichen Phänomene 1. Die wahren X-Akten. Die unheimlichen Fälle des FBI, vgs Verlagsgesellschaft Berlin

Gradnitzer, Louisa; Pittson, Tod (1999): X Marks The Spot. On Location With The X-Files, Arsenal Pulp Press, Vancouver

Guyot, Natacha (2021): Dr. Dana Scully Of The X-Files: A Feminist Scientist Navigating Patriarchies, University of Texas at Dallas

Haland, Magne (2019): Typologies OF Evil In The X-Files, University of Adger

Headquarters United States Airforce (1994): Roswell Report. Fact versus Fiction in the New Mexico Desert,Washington

Howley, Kevin (2001): Spooks, Spies, and Control Technologies in The X-Files, in: Television and New Media Vol. 2, No. 3, S. 257 - 280, Sage Publications, Michigan

Kjaer, Kurt H. et al. (2022): A 2-million-year-old ecosystem in Greenland uncovered by environmental DNA, Nature 612, S. 283 - 291, https://doi.org/10.1038/s41586-022-05453-y (abger. am 05.01.2023)

Knowles, C. E. (2018). A Woman's Place Is in the Morgue: Understanding Scully in the Context of 1990s Feminism. M/C Journal, 21(5). https://doi.org/10.5204/mcj.1465 (abger. am 05.01.2024)

Kowalski, Dean A. et al. (2009): The Philosophy of The X-Files, University Press of Kentucky, Kentucky

Lowry, Brian (1995): The Truth Is Out There: The Official Guide To The X-Files, Harper Prism, New York

Martin, Les (1995): Akte X Stories. Band 1. Gezeichnet, vgs Verlag, Köln

Manion, Annie (2015): Between Victimhood and Power: The Female Detectives of Television's Crime Dramas, https://lareviewofbooks.org/article/between-victimhood-and-power-watching-the-female-detectives-of-televisions-crime-dramas/ (abger. am 28.02.2024)

Mayer, Gerhard et al. (2018): An den Grenzen der Erkenntnis. Handbuch der wissenschaftlichen Anomalistik, Klett-Cotta, Stuttgart

Miera, Jan (2020): Symbolismus beim Neandertaler, https://www.praehistorische-archaeologie.de/wissen/die-steinzeit/mittelpalaeolithikum/symbolismus-beim-neandertaler/ (abger. 20.02.2024)

Nash, Michael R. (2001): Unter Hypnose, https://www.spektrum.de/magazin/unter-hypnose/828206 (abger. am 08.02.2024)

Ngaire, Genge (1997): Akte X. Die Wahrheit über Akte X; Akte X - wie es wirklich war, Heyne Jubiläumsreihe, Heyne, München

Prahl, Reinhard (2004): Hat der Roswell-Vorfall nie stattgefunden? Synesis Nr 1, Hohenpeißenberg

Robson, Melanie (2021): Hero Or Victim? Dana Scully's Complex Empowerment in The X-Files, https://maifeminism.com/hero-or-victim-dana-scullys-complex-empowerment-in-the-x-files/ (abger. 05.02.2024

Schetsche, Michael; Anton, Andreas, Hrg. (2021): Perspektiven der Anomalistik 2 - Diesseits der Denkverbote. Bausteine für eine reflexive UFO-Forschung LIT Verlag, Berlin, Münster, London, Wien, Zürich

Stefanacci, Richard G (2022): Progerie-Syndrome - Down-Syndrom, MSD Manual, zu finden auf https://www.msdmanuals.com/de-de/heim (abger. am 07.02.2024)

SOBEPS: UFO-Welle über Belgien (1994): Zivile, polizeiliche, militärische und wissenschaftliche Augenzeugen berichten. Eine Dokumentation der Massensichtungen. Mit Radar- und Bildanalysen, Zweitausendeins-Verlag, Leipzig

Thieme, Uli (2019): Roswell Sommer 1947: Ein Mythos stürzt ab, https://www.ufo-forschung.de/themen/materialien-zum-herunterladen (Download vom 25.01.2024), GEP - Gesellschaft zur Erforschung des UFO-Phänomens e. V., Lüdenscheid

Thomas, Ray, van Fleet, John (1997): Akte X - Band 1: Gezeichnet, Feest Comics, Egmont Ehapa Verlag GmbH, Stuttgart

Weaver, Richard L. (1994): Report Of Air Force Research Regarding The Roswell Incident, https://muller.lbl.gov/teaching/physics10/Roswell/RoswellIncident.html (abger. am 28.01.2024)

DER VERLAG

Lesen ist wie Fernsehen im Kopf!

So lautet ein Slogan, den wir für uns aufgegriffen haben.

Seit fünf Jahren ist es unser Anliegen, Ihnen ein spannendes Programm in diesem "Kopf-Fernsehen" zu bieten, das im Gegensatz zu den schwarzen Zeichen auf weißem Grund in Ihrem Kopf gerne in Farbe und so bunt wie möglich ablaufen darf.

Richtig bunt sollen die Welten also sein, in die wir Sie mit unseren Büchern entführen wollen. Nicht beliebig, nicht von der Stange. Unsere Geschichten sind nicht durch die Marktforschung gegangen, aber kommen von Herzen.

Entdecken Sie unsere Visionen.
Folgen Sie uns in fantastische Welten. In Farbe und Bunt.

Der **Verlag in Farbe und Bunt** bietet Romane, Biografien, Sachbücher, Comics, E-Books, Kinder-, Jugend- und Hörbücher aus allen Bereichen und für jedes Alter.